Oliver Schwartz
Michael Gebert
KI ist Chefsache!

Oliver Schwartz
Michael Gebert

KI ist Chefsache!

Mit Mut zur Innovation auf den Weg in die Zukunft

WILEY-VCH GmbH

Alle Bücher von WILEY-VCH werden sorgfältig erarbeitet. Dennoch übernehmen Autoren, Herausgeber und Verlag in keinem Fall, einschließlich des vorliegenden Werkes, für die Richtigkeit von Angaben, Hinweisen und Ratschlägen sowie für eventuelle Druckfehler irgendeine Haftung

Alle Zitate erfolgen mit freundlicher Genehmigung des KI Expertenforum und sind von den jeweiligen Persönlichkeiten autorisiert.

© **2025 Wiley-VCH GmbH, Boschstraße 12, 69469 Weinheim, Germany**

Alle Rechte, insbesondere die der Übersetzung in andere Sprachen, vorbehalten. Kein Teil dieses Buches darf ohne schriftliche Genehmigung des Verlages in irgendeiner Form – durch Photokopie, Mikroverfilmung oder irgendein anderes Verfahren – reproduziert oder in eine von Maschinen, insbesondere von Datenverarbeitungsmaschinen, verwendbare Sprache übertragen oder übersetzt werden. Die Wiedergabe von Warenbezeichnungen, Handelsnamen oder sonstigen Kennzeichen in diesem Buch berechtigt nicht zu der Annahme, dass diese von jedermann frei benutzt werden dürfen. Vielmehr kann es sich auch dann um eingetragene Warenzeichen oder sonstige gesetzlich geschützte Kennzeichen handeln, wenn sie nicht eigens als solche markiert sind.

Bibliografische Information der Deutschen Nationalbibliothek
Die Deutsche Nationalbibliothek verzeichnet diese Publikation in der Deutschen Nationalbibliografie; detaillierte bibliografische Daten sind im Internet über http://dnb.d-nb.de abrufbar.

Print ISBN: 978-3-527-51205-8
ePub ISBN: 978-3-527-84971-0

Umschlaggestaltung: Susan Bauer
Coverbild: sdecoret – stock.adobe.com
Fotos Innenteil: Turtle-Media, artis / Uli Deck, Markus Sippl
Satz: Straive, Chennai, India
Druck und Bindung CPIGroup(UK)Ltd, Croydon CR04YY

C9783527512058_280824

Inhalt

Vorwort der Autoren: Wie positiv stehen Sie der Künstlichen Intelligenz und der damit verbundenen Revolution in der Geschäftswelt gegenüber? 9

Impuls-Vorwort zum Teil 1

Werden Sie zum KI-Profiteur, nicht zum Opfer 15
von Julien Backhaus

Teil 1 Künstliche Intelligenz verstehen

1. Grundlagen-Wissen 23
2. Die (echte) Geschichte der KI 31
3. Maschinelles Lernen und Sprachmodelle 39
4. General AI und Super-Intelligenz 47
5. Integrationsfähigkeit und Resilienz 55
6. Die ethische und rechtliche Debatte 63
7. Grundlagen der unternehmensrelevanten Regulierung .. 71

Impuls-Vorwort zum Teil 2

Emergenz von menschinduzierter Intelligenz 83
von Dr. Joachim Schwerin

Teil 2 KI im Unternehmen richtig nutzen

8. KI ist Chefsache! 93
9. Mit Strategie und Zielen an die KI rangehen 101
10. Chancen und Risiken bewerten 109
11. Interne Kommunikation: KI-Policy im Unternehmen ... 117
12. Mut zur Innovation und zu Visionen 125

13. Ein Blick in die Welt: Impulse und Blaupausen 133

14. KI im Mittelstand und in kleinen Unternehmen 141

Impuls-Vorwort zum Teil 3

Die Revolution jenseits der Trends 153
von Prof. Tim Bruysten

Teil 3 Blick in die Zukunft

15. Wie die KI sich weiterentwickelt 165

16. Datenknappheit vs. Datenexplosion 173

17. Veränderung der rechtlichen Rahmenbedingungen 181

18. Die Rolle von KI im Unternehmen 2030 (und danach) .. 189

19. KI-Arbeitswelten der Zukunft aus
    Mitarbeitenden-Sicht 197

20. Transformationsschleusen für Schlüsselindustrien 205

21. Als Unternehmer zukunftssichere Strukturen schaffen .. 213

Schlusswort der Autoren: Auf den Fokus kommt es an! 225

Anhang

KI Expertenforum 229

Die Autoren 230

Von den Autoren empfohlene Literatur und weitere
Informationsquellen 233

Stichwortverzeichnis 237

VORWORT DER AUTOREN

Wie positiv stehen Sie der Künstlichen Intelligenz und der damit verbundenen Revolution in der Geschäftswelt gegenüber?

Herzlichen Dank, dass Sie diesem Businessbuch und uns als Autoren Ihr Vertrauen schenken! Die Eingangsfrage zu diesem Vorwort hat ihre Berechtigung, denn jenseits der großen Aufmerksamkeit, die generative KI in den letzten fast zwei Jahren wecken konnte, liefern Umfragen -zumindest auf den ersten Blick- ein sehr widersprüchliches Bild. Diese Widersprüche erklären sich aus der Perspektive der Teilnehmer und der Panel-Zusammensetzung. Aus einer persönlichen Nutzersicht kann ein positives bis begeistertes Fazit über die mächtigen und hilfreichen KI-Werkzeuge im selben Atemzug fallen mit einem vernichtenden Urteil über die KI-Bereitschaft des eigenen Unternehmens. Und die Sorge um den eigenen Arbeitsplatz oder die Wettbewerbsfähigkeit in einer zunehmend von Künstlicher Intelligenz geprägten Geschäfts- und Arbeitswelt, schließt keinesfalls ein faszinierendes Erleben der kreativen und produktiven Fähigkeiten der KI aus.

Eine ablehnende Haltung gegenüber neuen Technologien entspringt bekanntlich meist dem Gefühl der Unsicherheit und das gilt auch für Unternehmer und Führungskräfte. Mit diesem Buch erhalten Sie in einundzwanzig Kapiteln, und begleitet durch wertvolle Impulsbeiträge, notwendiges Grundlagenwissen und strategische Herangehensweisen, um Ihr Unternehmen souverän, rechtskonform und mit ethischen Werten in die KI-Ära zu transformieren. In einem für Ihr Unternehmen und Ihre Branche angemessenen Umfang und Tempo, als unternehmerische Entscheidung und mit Ihren Regeln. Aber dafür müssen Sie proaktiv handeln. Die Künstliche Intelligenz ist kein temporärer Hype und zudem weit mehr als ChatGPT und sonstige Werkzeuge der generativen KI. So widersprüchlich die Umfragen sich zeigen, in einem entscheidenden Punkt liefern sie konsistente Ergebnisse: Die Quote der Unternehmen mit einer implementierten und kommunizierten KI-Strategie und einer Verankerung von Nutzungsregeln in einer Richtlinie und dem unternehmenseigenen Wertekanon ist noch gering. Gering vor allem im Vergleich mit der Quote der Arbeitnehmerinnen und Arbeitnehmer, die in eigener Regie und im regelfreien Raum am Arbeitsplatz bereits eifrig das eine oder andere KI-Werkzeug nutzen.

Sie werden als »Chefin oder Chef« sowie als Führungskraft kein Problem in der Motivation Ihrer Mitarbeitenden zum Umgang mit KI-Workflows haben. Die umfassende und rasante KI-Durchdringung aller digitalen Prozesse und die facettenreichen ethischen und rechtlichen Auswirkungen der KI-Nutzung in Unternehmen lassen Ihnen aber ebenso wenig einen Spielraum zum Ignorieren, wie auch ein Verbot sich kaum wirksam umsetzen lässt. Die Fehler im Umgang mit dem Internet sollten nicht wiederholt werden. Der Siegeszug der KI schreitet mit einem nochmals deutlich erhöhten Tempo voran. Daher sind Sie gefragt! Unser Buchtitel *KI ist Chefsache!* ist keine banale Selbstverständlichkeit, sondern eine multiple Herausforderung und gleichzeitig eine große Chance für Sie bei den zukunftssicheren Weichenstellungen. Aus unserer Beratungstätigkeit ist uns diese Botschaft ein wichtiges Anliegen.

Wir möchten Sie motivieren, informieren und inspirieren! Und wir sind uns sicher, dass Sie nach der Lektüre dieses Buchs bestens aufgestellt sind, um als unternehmerische Führungspersönlichkeiten - gemeinsam mit Ihrem Team - den Schalter umzulegen und eine KI-Strategie sowie begleitende Compliance-Regeln zu entwickeln.

Oliver Schwartz
Dr. Michael Gebert

»Jeder Einzelne von uns sollte KI als Chance begreifen und sich damit auseinandersetzen. Wir laufen jetzt in das Zeitalter des Hybrid Human, in dem der Umgang zwischen Mensch und KI essenziell für unseren Fortschritt wird.«

Frank Thelen
Freigeist | 10xDNA

IMPULS-VORWORT ZUM TEIL 1

Werden Sie zum KI-Profiteur, nicht zum Opfer
von Julien Backhaus

Ich glaube nicht, dass die Menschen sich bewusst sind, wie sehr die KI-gepaart mit der Robotik- die Welt verändern wird. So wie es eine Zeitrechnung vor Christus und nach Christus gibt, wird sich bald in unserem Bewusstsein eine Zeitrechnung vor KI und nach KI etablieren. Bisher sehen Menschen das Thema Künstliche Intelligenz eher als Weiterentwicklung des Internets oder der Software. Wir hätten dann ein paar bessere Funktionen, man könnte den Tisch im Restaurant leichter buchen, oder Schüler würden sich von der KI den Aufsatz über Goethe schreiben lassen. Wie Sie aber in diesem Buch erfahren werden, ist KI etwas viel Größeres. Statt als Werkzeug, wie bisher beispielsweise ein Computer, kann man es eher als neue Lebensform verstehen. Und das sollte man auch, um dem Ernst der Lage gerecht zu werden. Es kann gefährlich sein, wenn Menschen KI als so etwas wie einen Gameboy sehen. Andererseits dürfen wir uns auch nicht hilflos ausliefern. So soll die Künstliche Intelligenz uns in Zukunft weiterhin dienen, selbst wenn sie eine Art eigene Persönlichkeit entwickelt.

Der Mensch hat grundsätzlich Angst vor Veränderung und versucht diese entweder aufzuhalten oder auszublenden. Aber auch wenn dieses Verhalten allzu menschlich ist, ist es in der Regel nicht nützlich. Wir beobachten die Situation gerne von der Seitenlinie aus und zögern die Entscheidung hinaus, ob wir auf den Zug aufspringen oder nicht. Die Wahrheit ist aber: Sie können heute nichts mehr bewahren, ohne es stetig zu verbessern. Die Welt bewegt sich heute schneller denn je. Sollte es je eine Zeit gegeben haben, in der Abwarten ein probates Mittel war, sie ist definitiv vorbei. Wer heute den Anschluss verliert, sieht sich einer globalen Konkurrenz ausgeliefert, die nicht nur ein bisschen schneller, sondern um ein Vielfaches schneller ist. Ein Konkurrent, der uns gestern noch knapp auf den Fersen war, ist morgen nicht nur eine Nasenlänge voraus, sondern bereits einen Kilometer. Und mit jedem Tag, der vergeht, verdoppelt sich sein Vorsprung. Das Sinnbild verdeutlicht uns, dass wir den Anschluss nicht nur vorübergehend, sondern dauerhaft verlieren. Besonders in der Bildung hat dies gravierende Folgen. Kinder, die heute schlecht ausgebildet werden, leiden ein ganzes Erwerbsleben unter der daraus folgenden Chancenungleichheit. Und damit auch eine ganze Volkswirtschaft.

Die Vogelstrauß-Taktik hat nie funktioniert und sie wird es auch künftig nicht tun. Die Augen vor der Realität zu verschließen und zu hoffen, dass es besser wird, zeugt von großer Naivität. Damit will ich Ihnen sagen, dass Sie die Feste feiern müssen, wie sie fallen. Sie können sich nicht aussuchen, ob die Welt einem Trend folgt oder eine Entwicklung ihren Lauf nimmt. Es wird auch ohne Sie passieren. Besser ist es, das zu akzeptieren und, wie schon angedeutet, lieber Ihren Nutzen aus der Entwicklung zu ziehen, statt sich von ihr unterkriegen zu lassen. Gewinnen Sie die Oberhand und verlassen Sie die Komfortzone des Altbekannten. Auch der Politik gefällt Neues nicht. Es scheint nicht kontrollierbar, es werden Fehler passieren, Menschen oder Gruppen werden ihren Job verlieren. Wir müssen uns nichts vormachen, epochale Veränderungen haben einen hohen Preis. Dennoch dürfen wir keine Angst haben, diese Fehler zuzulassen.

Der österreichische Schriftsteller Ernst Ferstl hat einen bedenklichen Aphorismus geprägt, der fleißig im Netz verbreitet wird: »Angesichts der Tatsache, dass die Menschheit nicht fähig ist, aus den Fehlern der Vergangenheit zu lernen, dürfen wir uns in Zukunft keine Fehler mehr leisten.« Ohne einen Kontext führen solche Zitate zu der Überzeugung, dass Fehler zu vermeiden sind. Und einen Fehler wiederholt zu begehen, grenze an eine Todsünde. Das Gegenteil ist natürlich der Fall, auch wenn es wehtut. Niemand begeht gerne einen Fehler. Und wenn wir ihn zweimal machen, möchten wir am liebsten im Boden versinken. Aber ohne tolerierte Fehler würden bis heute keine Flugzeuge fliegen und Computer gäbe es auch keine. Nicht mal elektrisches Licht hätten wir, denn Thomas Edison musste nach eigener Aussage 10 000 Fehlschläge hinnehmen, bis die Birne endlich dauerhaft brannte. Mit der KI in Verbindung mit Robotik stehen wir vor einer neuen Epoche. Bisher waren Innovationen vom Menschen abhängig. Das wird sich im Laufe der nächsten Jahre ändern. Die Welt wird sich unabhängig vom Einfallsreichtum des Menschen weiterentwickeln. Nicht mehr Menschen werden Flugzeuge planen und bauen, sondern Maschinen. Nicht mehr Menschen werden neue Software programmieren, sondern die Software programmiert sich selbst. Nicht mehr Menschen werden Häuser und Wolkenkratzer errichten, sondern Maschinen. Viele Zeitgenossen gehen davon aus, dass dies noch Jahrzehnte dauern wird. Das ist ein Trugschluss. Die Geschwindigkeit von Veränderungen hat in den letzten Jahrzehnten exponentiell zugenommen. Und dieser Trend wird sich erst recht durch die KI so massiv beschleunigen, dass die Vorstellungskraft der Menschen überfordert sein wird. Die Rechenleistung durch Quantencomputing wird die Grenzen überwinden.

Zumindest in der Wirtschaft wird es künftig eine Aufteilung in Human Economy und Artificial Economy geben. Sie können einen menschlichen Handwerker beauftragen, weil Sie sich wohler damit fühlen oder Sie beauftragen einen künstlichen. Beim Einkaufen haben Sie an vielen Stellen diese Wahl bereits heute. Geschäfte ohne Personal sind keine Seltenheit mehr. Beim Personentransport schreitet diese Entwicklung bereits schnell voran, fahrerlose Autos, Busse und Bahnen bringen Menschen von A nach B. Dies stellt auch Sozialsysteme und Arbeitsmärkte vor eine neue Herausforderung. Wenn Menschen keine Wertschöpfung mehr als Arbeiter erbringen können, wie sollen sie dann Geld verdienen – und Sozialsysteme und Renten finanzieren? Ich habe die starke Befürchtung, dass die Unternehmen zur Lösung dieses Problems berufen werden. Wichtig ist, dass wir diese Diskussion nicht erst führen, wenn es zu spät ist. Merken Sie sich: Die

Entwicklung werden Sie nicht aufhalten. Sie können aber zu den Profiteuren gehören, statt zu den Verlierern. Dieses Buch gibt Ihnen dafür wichtige Impulse.

Julien Backhaus ist ein deutscher Zeitschriftenverleger, Fernsehproduzent und Bestsellerautor. Der mehrfach ausgezeichnete Medienunternehmer hat sich ganz dem Thema Wirtschaft gewidmet und trifft regelmäßig Staats- und Konzernlenker. Seinen Blick hinter die Kulissen der Macht teilt er in Büchern, bei TV-Auftritten und Vorträgen.

»Je intensiver sich Unternehmen mit KI befassen, desto klarer erkennen sie die erheblichen Vorteile und den Mehrwert der Technologie. Besonders im Vordergrund stehen dabei die Beschleunigung betrieblicher Abläufe und die Realisierung von Kosten- und Effizienzvorteilen.«

Dr. Frank Schlottmann
Vorstandsmitglied,
msg systems AG

Teil 1
KÜNSTLICHE INTELLIGENZ VERSTEHEN

1 Grundlagen-Wissen

Betrachtet man gegenwärtig Social-Media-Posts von Politikern oder Marketing-Kampagnen von Unternehmen, dann drängt sich der Verdacht auf, dass jede Automatik-Funktion, jede smarte Lösung und die gesamte Bandbreite an Sensorik eine Form Künstlicher Intelligenz seien. Damit Sie für Ihr Unternehmen eine zukunftsweisende KI-Strategie entwickeln können, ist es daher wichtig, ein wenig Entmystifizierung zu betreiben und den Fokus auf die grundlegenden Technologien und Methoden der KI zu lenken.

Künstliche Intelligenz bezeichnet die Fähigkeit von Maschinen, Aufgaben auszuführen, die typischerweise menschliche Intelligenz erfordern, wie das Erkennen von Sprache, das Treffen von Entscheidungen und das Lernen aus Erfahrungen. Die Geschichte der KI, der wir ein eigenes Kapitel widmen, reicht daher deutlich weiter zurück als bis in die Mitte des 20. Jahrhunderts. Doch es war ein wichtiger Meilenstein, als der Mathematiker Alan Turing die ursprünglich philosophische Frage aufgriff, ob Maschinen denken können. Seitdem hat die KI verschiedene Phasen der Euphorie und Enttäuschung erlebt.

Heute, befeuert durch enorme Fortschritte in der Rechenleistung und Datenverfügbarkeit, ist KI eine treibende Kraft hinter technologischen Innovationen und beginnt rapide die Landschaft der globalen Industrie zu verändern. Dabei ist es wie mit dem Eisberg: Die sichtbare Spitze, in unserem Fall die Generative KI wie der Chatbot ChatGPT, lässt noch nicht annähernd die Gravitation der Technologie erahnen. Denn bei aller Faszination für die Text- und Bildgenerierung, für synthetische Stimmen und die Fähigkeiten, große Datenmengen zu untersuchen – die derzeitigen prompt-basierten Werkzeuge sind erst der Anfang einer spannenden Reise.

Den Kern der KI bilden maschinelles Lernen und neuronale Netze. Maschinelles Lernen, also das zielgerichtete Training von Sprachmodellen, ermöglicht es der KI, aus Daten zu lernen und sich zu verbessern, ohne explizit programmiert zu werden. Neuronale Netze, inspiriert vom menschlichen Gehirn, erkennen Muster und treffen Entscheidungen. Deep Learning, eine spezielle Form neuronaler Netze, ist besonders mächtig in Bereichen wie der Bild- und Spracherkennung. Für Unternehmer ist es entscheidend, diese Technologien zu verstehen, um zu erkennen, wie sie zur Lösung von Geschäftsproblemen eingesetzt werden können. Dem Thema »Maschinelles Lernen und Sprachmodelle« widmen wir daher ein eigenes Kapitel.

Und es ist wichtig, die Künstliche Intelligenz als eine sehr langfristige Entwicklung zu betrachten, die auch in den nächsten Jahren noch lange nicht abgeschlossen ist. KI ist weit mehr als ein arbeitssparendes, fleißiges und leistungsfähiges IT-Werkzeug, und die momentan sehr prominente Disziplin, die generative KI, ist letztendlich nur ein – wenngleich faszinierender – Teilaspekt. Betrachtet man das ursprüngliche Forschungsziel einer Entwicklung menschenähnlicher Intelligenz, dann gehören neben Informatik und Logik auch die Neurowissenschaften, aber auch ethische und rechtliche Überlegungen dazu. Und schon heute ist der technologische Fortschritt in vielerlei Hinsicht der gesellschaftlichen Verständigung deutlich voraus: Die Frage nach dem gewünschten und ethisch vertretbaren Grad der KI-Revolution wird zwar auf Fachkongressen unter Experten seit Jahren diskutiert, der gerade nach einem langen Trilog-Verfahren verabschiedete »EU AI Act« ist aber beispielsweise erst der Anfang von notwendigen Antworten und regulierenden oder deregulierenden Entscheidungen.

Die menschenähnliche Allgemeine Künstliche Intelligenz oder gar die dem Menschen deutlich überlegene Super-Intelligenz, auf die wir noch näher eingehen, spielen heute für Unternehmen noch keine wirkliche Rolle. Am etabliertesten sind sogenannte

Narrow-AI-Lösungen für ganz dedizierte Aufgaben. Diese KI-Systeme wurden für die Ausführung einer einzigen Aufgabe oder einer Gruppe verwandter Aufgaben trainiert. Mit hoher Effizienz und Präzision finden sie Einsatz in Logistik oder Produktion und bieten, anders als die Generative KI, den in Business-Prozessen notwendigen Grad an Verlässlichkeit und Reproduzierbarkeit.

Die KI findet sich schon heute in vielfältigen Anwendungen in fast jeder Branche, meist bleibt sie jedoch für den Anwender unsichtbar im Hintergrund. Im Finanzwesen wird sie zum Beispiel für den Algorithmik-Handel und das Risikomanagement eingesetzt. Im Gesundheitswesen hilft die KI bei der Diagnose und der immer wichtiger werdenden personalisierten Medizin. In der Produktion optimiert KI die Lieferketten und verbessert die Qualitätssicherung. Marketingabteilungen nutzen KI, um Kundenverhalten zu analysieren und die vorhandenen »Big Data«-Datenschätze gewinnbringend zu nutzen. Aber genau mit den Daten kommen auch die Herausforderungen. Der Datenschutz ist eine primäre und berechtigte Sorge, da KI-Systeme mit großen Mengen an Daten, teils intransparenter Herkunft, trainiert werden und auch in der Nutzung weiterhin auf jede Menge Daten angewiesen sind.

Nicht nur bei der Kreditvergabe oder Job-Entscheidungen durch Personalabteilungen besteht zudem die Gefahr eines sogenannten Bias, der zu ungerechten Entscheidungen führen kann. Das Training und die Feinjustierung der Sprachmodelle durch die Entwickler kann zu Diskriminierungen und Einschränkungen der Chancengleichheit führen. Unternehmen sollten daher diese ethischen Herausforderungen aktiv und sensibilisiert angehen und sicherstellen, dass ihre KI-Anwendungen von Anfang an möglichst fair, transparent und verantwortungsvoll sind. Die Künstliche Intelligenz ist ohne Frage nicht nur eine Option, sondern eine Notwendigkeit für zukunftsorientierte Unternehmen. Aber nur mit dem Wissen um Funktionsweisen, Stärken und Schwächen, Chancen und Herausforderungen lässt sich eine ebensolche zukunftssichere Strategie entwickeln. Zu unklar sind auch gerade noch die rechtlichen Leitplanken.

Die Zukunft der KI verspricht viele Chancen, aber Unternehmen müssen dabei agil bleiben, neue Technologien schnell adaptieren und ihre Mitarbeiter kontinuierlich weiterbilden. Und sie dürfen die Herausforderungen und Risiken nicht ausblenden. Frühzeitige, strategische Investitionen in die Künstliche Intelligenz werden aber in den meisten Fällen zu signifikanten Wettbewerbsvorteilen führen. Die frühzeitige Integration ethischer Überlegungen in die KI-Strategie wird dabei nicht nur Risiken minimieren, sondern auch das Vertrauen der Kunden und Mitarbeiter stärken. Das Vertrauen ist seit jeher im Geschäftsleben eine wichtige Währung, bei unserer KI-gestützten Zukunft wird es zum Goldstandard. Und Vertrauen hat etwas mit Transparenz zu tun. Diese Transparenz in der KI-Nutzung konsequent in Ihren betrieblichen Abläufen und der Kommunikation mit Kunden und Partnern zu verankern, ist nicht nur bald unternehmerische Pflicht, sondern schon heute die beste Versicherung in einer hochdynamischen technischen Revolution mit vielen Stolperfallen.

Ein großes Missverständnis beobachtet man bei der Einschätzung der »Intelligenz« der KI-Lösungen. Gerade die dialogbasierte Arbeitsweise der Generativen KI verleiht den Werkzeugen einen menschlichen Touch und verführt intuitiv zum Vertrauen in die generierten Inhalte. Richtig ist, dass ChatGPT & Co. mit großem Aufwand und Erfolg darauf trainiert werden, die Eingaben der Nutzer und deren Absichten und Rollen immer besser zu verstehen und darauf ausgerichtete Ergebnisse zu generieren. Und spätestens hier kommt die Wahrscheinlichkeitsrechnung ins Spiel. Etwas flapsig formuliert, und nicht abwertend gemeint, agieren die Systeme ein wenig wie strebsame Mitarbeiter, die unbedingt dem Chef gefallen wollen und daher auch Aufgaben annehmen, bei denen sie nicht sattelfest sind. Mit Fleiß und Recherche geht das meist gut, solange die Erfahrung und das Verständnis vorliegen, welche Faktoren und Fragestellungen für das Unternehmen im konkreten Fall wichtig und relevant sind.

Die prompt-basierte Generative KI wird immer besser darin, den Arbeitsauftrag und die Intention des Nutzers zu verstehen, arbeitet rasend schnell und beeindruckt auf den ersten Blick mit sehr gut aussehenden Ergebnissen. Dabei versteht sie aber nicht die Themen und Inhalte. Ihre Macht liegt im mit Unmengen an Trainingsdaten trainierten Sprachmodell und in der Verarbeitungsgeschwindigkeit. Und sie erzeugt Texte dann Wort für Wort und Bilder oder Videos als Summe von einzelnen Feldern oder Matrizen. Immer im Bestreben, den höchstwahrscheinlich korrekten nächsten Wert zu generieren und im Endergebnis die Wünsche des Nutzers bestmöglich zu erfüllen. Das gelingt, gemessen an der rasanten Geschwindigkeit und der damit verbundenen Zeitersparnis, meist zur großen Zufriedenheit der Anwender.

Und die KI kann im weiteren Prompt-Dialog auch nachbessern und variieren. Aber bis zuletzt versteht sie nicht wirklich die Inhalte. Sie ist schnell und akkurat, aber nicht intelligent. Die KI vertraut ihren Trainingsdaten und den antrainierten Lösungsmustern. Inhaltliche Fehler, einseitige Sichtweisen oder ethisch bedenkliche Formulierungen oder Darstellungen erkennt sie nicht, wenn dies nicht zur Aufgabenstellung gehört. Auch die rechtliche Bewertung und Verwendbarkeit der Quelldaten und daraus erzeugten Ergebnisse kann die Generative KI nicht vornehmen. Sie funktioniert am besten als mächtiges Werkzeug Ihrer Mitarbeiter, nicht jedoch für einen weitgehend autonomen Betrieb. Der menschliche Anwender hat gleich an mehreren Stellen maßgeblichen Einfluss auf die Ergebnis-Qualität: die Auswahl des richtigen KI-Tools und Sprachmodells, der möglichst konkrete Ausgangs-Prompt, eine kaskadierende Prompt-Strategie mit ansteigendem Detailgrad und eine sorgfältige Überprüfung oder Überarbeitung.

Die Angst vieler Menschen vor den disruptiven Folgen der Künstlichen Intelligenz ist verständlich, beruht aber nicht zuletzt auch auf den marktschreierischen Werbeversprechen von Lösungsanbietern. Derzeit sind es vor allem hochspezialisierte Narrow AI Anwendungen, die bestimmte Rollen in den Unternehmen zunehmend überflüssig machen. Und selbstverständlich bewegen wir uns mit großen Innovationsschritten hin zu einer Künstlichen Intelligenz, die nicht nur durch ihre stoische Belastungsfähigkeit und Geschwindigkeit überzeugt, sondern auch mit zusätzlichen Fähigkeiten zu situativen Entscheidungen, zu Empathie und einer Intelligenz nach menschlichem Vorbild. Die derzeitigen Einschränkungen der Generativen KI haben Sie nun kennengelernt, und doch ist sie es, die in den nächsten Jahren den größten Einfluss auf unsere Arbeitswelten haben wird. Heute sind es noch vorwiegend kreative Dienstleister, die bereits unter ChatGPT, DALL-E, Midjourney & Co. leiden. Obwohl die KI auch hier objektiv betrachtet Kreativ-Profis nicht wirklich vollständig ersetzen kann, steigt der Honorardruck und sinkt der Respekt vor den Fähigkeiten der Kreativen.

KI-Experten prognostizieren, dass sich diese Tendenz fortsetzen wird und die Faktoren Erfahrung und Experten-Wissen, bislang eine harte Währung, an Wert verlieren werden. Das wird schrittweise auch Auswirkungen in den Unternehmen haben. Die Medienwelt ist ein gutes Beispiel für eine Branche, die nur wenige Jahrzehnte nach dem Gamechanger Internet nun schon am Beginn einer massiven Disruptions- und Veränderungswelle durch die Künstliche Intelligenz steht. Quer durch alle Branchen werden wir in den nächsten Jahren Veränderungen in den Berufsbildern sehen, und nur sehr optimistische Beobachter rechnen damit, dass alle diejenigen, deren bisherige Jobs entbehrlich werden, attraktive neue Karrieremöglichkeiten in KI-Arbeitswelten finden werden.

Als Unternehmer sind Sie es gewohnt, strategische Entscheidungen zu treffen, Chancen zu erkennen und Risiken zu bewerten. Dies gilt auch für den Umgang mit der Künstlichen Intelligenz.

1 Grundlagen-Wissen

Ganz bewusst formuliert der Titel dieses Buchs *KI ist Chefsache!*. Wir wollen Sie motivieren, sich mit Optimismus auf das KI-Abenteuer einzulassen, und Ihnen dafür wertvolles Praxiswissen, Strategien und Impulse vermitteln. Ein Ignorieren oder Aussitzen wird ebenso wenig funktionieren wie beim Internet und der Digitalisierung. Aber das Tempo der Veränderungsprozesse wird deutlich höher sein. Je früher Sie sich also systematisch die Vorteile der KI zu Nutze machen, umso wettbewerbsfähiger stellen Sie sich auf.

Die größten Chancen für viele Unternehmen liegen derzeit nicht in der Einsparung von Personalkosten oder Dienstleister-Honoraren, sondern in einer dramatischen Optimierung von Prozessen und in einer Erhöhung der Produktivität ihrer Mitarbeiter. Dazu braucht es aber eine klar formulierte und kommunizierte KI-Strategie der Unternehmensleitung mit einer verbindlichen KI-Policy. Transparenz in der KI-Nutzung ist genauso Pflicht wie eine saubere Ausmodellierung reproduzierbarer, dokumentierter Prozesse. Betrachten Sie insbesondere die Werkzeuge der Generativen KI nicht als persönliche Entscheidungen Ihrer Mitarbeiter. Selbst wenn die Anbieter für niedrigschwellige, preiswerte Cloud-Abos werben. Die KI-Prozesse in Ihrem Unternehmen werden schon bald kritische Infrastruktur werden und auch die rechtlichen Pflichten lassen sich dann nur einhalten, wenn Sie die Spielregeln vorgeben.

Alle eingangs erwähnten Schwachpunkte der Generativen KI werden schon bald weniger ins Gewicht fallen. Mit Hochdruck wird an Integrationen und Schnittstellen gearbeitet, an mehr Reproduzierbarkeit und weniger Abhängigkeit von Prompt-Expertise. Die KI hilft bei der erfolgreichen Bedienung der KI. Nach zwei Jahren Experimentierphase zählt nun verstärkt die Einbindung in Branchenlösungen und etablierter Office- oder Spezialsoftware. Damit wird KI besser steuerbar.

Quintessenz

Künstliche Intelligenz ist heute mehr als eine fortschrittliche Technologie, sie ist eine Notwendigkeit für zukunftsorientierte Unternehmen. Ein wesentlicher Aspekt ist die Transparenz und ethische Verantwortung im Umgang mit KI. Da KI-Sprachmodelle mit großen Datenmengen trainiert werden, deren Herkunft oft noch intransparent ist, müssen Unternehmen sicherstellen, dass ihre Anwendungen fair und verantwortungsvoll gestaltet sind, um Vertrauen bei Kunden und Mitarbeitern zu schaffen. Unterstützt wird dies durch eine klare und kommunizierte KI-Strategie, die von der Unternehmensleitung verfolgt und umgesetzt werden sollte.

Künstliche Intelligenz wird in allen Branchen für größere und schnellere Veränderungsprozesse sorgen als das Internet. Unternehmen sollten daher agil bleiben, neue Technologien schnell adaptieren und ihre Mitarbeiter kontinuierlich weiterbilden, um mit den rasanten Veränderungen Schritt halten zu können.

Letztlich liegt die größte Chance für Unternehmen in der Optimierung ihrer Prozesse und der Steigerung ihrer Produktivität. Frühzeitige strategische Investitionen in KI können zu erheblichen Wettbewerbsvorteilen führen. Es ist von entscheidender Bedeutung, dass Sie als Unternehmen nicht nur die technologischen Aspekte von KI, sondern auch die sozialen, ethischen und rechtlichen Rahmenbedingungen verstehen und in Ihre Strategie integrieren.

2 Die (echte) Geschichte der KI

Der Traum, Maschinen das Denken beizubringen, hat tiefe Wurzeln, die bis in die Antike reichen. Doch die wissenschaftliche Basis für die Künstliche Intelligenz wurde maßgeblich im 20. Jahrhundert gelegt, insbesondere durch Alan Turing, dessen bahnbrechende Arbeiten das Konzept der Turing-Maschine und den Turing-Test umfassen. Turing stellte die These auf, dass Maschinen eines Tages nicht nur imstande sein werden, menschliche Denkprozesse nachzuahmen, sondern auch eigenständige Entscheidungen zu treffen. Diese theoretischen Überlegungen ebneten den Weg für die Entwicklung praktischer KI-Anwendungen und regten unzählige Debatten über die Möglichkeiten und Grenzen von Computern an.

Die Dartmouth-Konferenz im Jahr 1956 markiert den offiziellen Beginn der Künstlichen Intelligenz als Forschungsdisziplin. Organisiert von John McCarthy, Marvin Minsky, Nathaniel Rochester und Claude Shannon, zielte diese Zusammenkunft darauf ab, einen Plan zu entwickeln, wie Maschinen nicht nur arithmetische Operationen, sondern auch Sprache verstehen und Probleme selbstständig lösen können. Der Optimismus und die Zielsetzungen dieser Konferenz legten den Grundstein für Jahrzehnte der Forschung und Entwicklung in der KI.

Es lohnt sich aber, erst einmal einen Blick in die Antike zu werfen. Philosophen haben seit jeher versucht, die Natur des Denkens und der Intelligenz zu verstehen. Schon seit den antiken griechischen Philosophen gibt es Diskussionen darüber, wie Denkprozesse funktionieren. Die Idee, dass nicht-menschliche Entitäten denken könnten, entstand zu Zeiten von Aristoteles. Er gilt als einer der einflussreichsten Philosophen der Geschichte und war ein Schüler Platons. Nachdem er zwei Jahrzehnte an Platons Akademie in Athen studiert hatte, gründete er später seine eigene Schule, das Lykeion, ebenfalls in Athen. Durch seine Einführung des syllogistischen Systems schuf er die Grundlage für deduktives Schließen, ein zentraler Bestandteil des westlichen wissenschaftlichen und philosophischen Denkens. Seine Methode der Kategorisierung und seine Analyse von Ursachen und Prinzipien beeinflussten nachhaltig die Entwicklung der Wissenschaft und Philosophie. In der Biologie zum Beispiel führte seine systematische Klassifizierung von Pflanzen und Tieren zu Fortschritten, die bis in die Moderne Bestand haben.

Für die Entwicklung der KI sind insbesondere seine Gedanken zur Struktur von Denkprozessen von Bedeutung, da sie die Basis für Algorithmen und Programmiersprachen bildet, die logische Operationen in Computerprozessen ermöglichen. Aber in der griechischen Antike wurden nicht nur philosophische, sondern auch praktische Grundlagen für die KI gelegt. Hero von Alexandria, ein griechischer Ingenieur und Mathematiker, konstruierte mechanische Vorrichtungen, die bestimmte Aufgaben automatisch ausführen konnten. Seine Erfindungen, darunter automatische Türen und Dampfmaschinen, zeigten, dass Maschinen zu »intelligenten« Handlungen fähig waren, indem sie auf spezifische Reize reagierten und vorher festgelegte Aktionen ausführten. Aus einer historischen Vogelperspektive kann man diese praktischen Beispiele für die Automatisierung durchaus als Vorläufer heutiger KI-Systeme betrachten und die philosophischen Diskurse zum menschlichen Denken als Ausgangspunkt aller späteren Konzeptions- und Forschungsarbeiten zur Künstlichen Intelligenz. Dazu gehören auch die von Platon postulierten Theorien zur Unabhängigkeit einer physischen Realität.

Das Eintauchen in die Wurzeln und Geschichte der Künstlichen Intelligenz und die Beschäftigung mit dem philosophischen Diskurs - von der Antike bis heute – hilft Entscheidern bei der Differenzierung zwischen einer spontanen Begeisterung für Funktionalitäten von KI-Innovationen und einer notwendigen, gesellschaftlichen Vision sowie Entwicklung unternehmerischer Strategien. Angesichts der massiven, anstehenden Umwälzungen durch die Künstliche Intelligenz für alle Aspekte unseres gesellschaftlichen Lebens,

2 Die (echte) Geschichte der KI

der Wirtschaft und der Arbeitswelten kann sich ein Optimismus und eine politische und unternehmerische Aufbruchstimmung vor allem aus der philosophischen und ethischen Debatte und den kühnen Ideen der Vordenker generieren.

Im 17. und 18. Jahrhundert prägten die Vertreter von Rationalismus und Empirismus die Philosophie. Übertragen in die Welt von Computern und Künstlicher Intelligenz finden sich beide Ansätze wieder: Feste Algorithmen und klare, logische Regeln stehen für Rationalität. Die Technik des maschinellen Lernens und der neuronalen Netze lernt dagegen von empirischen Daten.

Die Diskussion ist eng verbunden mit dem französischen Philosophen und Mathematiker René Descartes und dem britischen Philosophen John Locke, der – etwas vereinfacht formuliert – der Ansicht war, dass der menschliche Geist bei der Geburt wie eine leere Tafel sei und alle Wissensinhalte durch die Erfahrung erlangt werden. Descartes vertrat dagegen die Auffassung, dass bestimmte Konzepte, Ideen und Wissensformen angeboren sind. Diese Vorstellung von der Autonomie des Denkens beeinflusste später maßgeblich die Entwicklung von Computern, die auf logischen Operationen basieren und dabei Entscheidungen treffen können, die auf fest programmierten Regeln und Daten basieren. Lockes Empirismus betont stattdessen die Wichtigkeit der sensorischen Erfahrung und der daraus resultierenden Erkenntnisse.

Als Begründer des modernen Rationalismus hatte Descartes einen tiefgreifenden Einfluss auf die Philosophie und Wissenschaft. Er absolvierte seine Ausbildung am Jesuitenkolleg La Flèche und studierte später Recht an der Universität Poitiers. Nach seinem Studium verbrachte er viele Jahre in den Niederlanden. Descartes war auch ein begabter Mathematiker und trug wesentlich zur Entwicklung der analytischen Geometrie bei. Sein philosophischer Ansatz zielte darauf ab, die Philosophie auf neue, festere Grundlagen zu stellen, indem er alles in Zweifel zog, was auch nur im Geringsten zweifelhaft erschien. Er suchte nach unumstößlichen Wahrheiten, die als Basis für das Wissen dienen könnten. Sein rationalistischer

Ansatz betonte die Rolle der Vernunft und des logischen Denkens über die Erfahrung oder die Sinneswahrnehmung, die er als unzuverlässig ansah. Ein weiteres zentrales Thema in Descartes' Philosophie ist der Dualismus. In seinen Werken, insbesondere in *Meditationen*, entwickelte er die Theorie der Trennung zwischen Geist und Körper. Diese Unterscheidung hat weitreichende Implikationen für die Philosophie des Geistes und die Metaphysik und prägt bis heute Diskussionen in diesen Bereichen.

Der 36 Jahre jüngere John Locke war einer der führenden Philosophen der Aufklärung und gilt als Vater des Liberalismus. Nach einem Studium der Medizin und der klassischen Philosophie am Christ Church College in Oxford widmete sich Locke intensiv philosophischen, politischen und ökonomischen Fragen. Er argumentierte gegen die absolutistischen Ansprüche von Königen und für die Idee der Souveränität, die vom Volk ausgeht. Dieses Konzept hatte tiefgreifende Auswirkungen auf die Entwicklung demokratischer Systeme in der westlichen Welt. Für unseren Ausflug in die Geschichte der Künstlichen Intelligenz ist aber sein *Essay über den menschlichen Verstand* interessant, in dem er seine Theorie des Geistes entwickelte und die Philosophie des Empirismus prägte.

Seine Betonung der Erfahrung als Quelle des Wissens und seine Verteidigung der persönlichen Freiheiten und Rechte bilden weiterhin einen wesentlichen Teil des Fundaments, auf dem die zeitgenössischen Debatten über Freiheit, Gerechtigkeit und menschliche Natur aufbauen. Aber diese Theorie ist auch Vorbild für das Trainieren von KI-Sprachmodellen und insbesondere eine Grundlage für die Überzeugung, dass eine menschenähnliche Künstliche Intelligenz oder gar eine dem Menschen überlegene Super-Intelligenz möglich ist.

Im 20. Jahrhundert nahm dann die Idee denkender Maschinen konkretere Formen an. 1950 stellte Alan Turing die berühmte Frage *Können Maschinen denken?* und entwickelte den Turing-Test als Kriterium für maschinelle Intelligenz. Der Test prüft die

Fähigkeit einer Maschine, menschenähnliche Antworten in einem schriftlichen Interview so überzeugend zu liefern, dass ein menschlicher Beurteiler nicht unterscheiden kann, ob die Antworten von einem Menschen oder einer Maschine stammen. Dieser Test stellte eine praktische Herausforderung dar, die Forscher weltweit dazu anregte, Algorithmen zu entwickeln, die menschliche Denkprozesse imitieren können. Turings Fragestellung beeinflusst bis heute bedeutende philosophische und ethische Debatten. Sie fordert uns dazu auf, die Natur von Intelligenz und Bewusstsein zu überdenken und die möglichen Konsequenzen einer technologischen Welt zu bedenken, in der Maschinen Aufgaben übernehmen, die bisher als ausschließlich menschlich galten.

Spätestens an diesem Punkt stehen wir seit einigen Jahren. Denn der rasante technologische Fortschritt bei allen Disziplinen der Künstlichen Intelligenz hat die gesellschaftliche Debatte längst abgehängt. Trotz Etablierung der wissenschaftlichen Disziplin der Technologiefolgenabschätzung und trotz jahrzehntelanger, intensiver ethischer Diskurse in der Fachwelt fehlen stellenweise politische Visionen und rechtliche Rahmenbedingungen. Das etablierte Prinzip der Maschine im Dienste und unter Kontrolle des Menschen sieht sich immer häufiger Interessenkonflikten ausgesetzt. Als Unternehmer sind Sie aber auf Rechtssicherheit und gesellschaftliche Akzeptanz neuer Technologien angewiesen. Umso spannender werden daher die nächsten Monate und Jahre sein und umso wichtiger ist der Fortschritt beim »Artificial Intelligence Act« der EU.

Springen wir noch einmal ins Jahr 1956, ans Dartmouth College in Hanover, New Hampshire: Die Dartmouth-Konferenz gilt heute als Geburtsstunde der Künstlichen Intelligenz als eigenständiges Forschungsfeld und ist eng mit den Namen John McCarthy, Marvin Minsky, Nathaniel Rochester und Claude Shannon verbunden. Ein Ziel der Konferenz war es, eine heterogene Gruppe von Wissenschaftlern zusammenzubringen, um die Möglichkeiten von Maschinen zu erforschen, die Funktionen nachahmen, die bis dahin als exklusiv menschlich betrachtet wurden. Der ursprüngliche Forschungsvorschlag für die Konferenz setzte ehrgeizige Ziele! Die Wissenschaftler wollten herausfinden, inwieweit Maschinen die Sprache verstehen, Probleme lösen und sogar selbstständig lernen können. Der Vorschlag stellte die These auf, dass jeder Aspekt des Lernens oder jedes andere Merkmal der Intelligenz so präzise beschrieben werden kann, dass eine Maschine diese mit geeigneter Programmierung simulieren kann.

Diese Idee spiegelte die optimistische Annahme wider, eine umfassende und vollständige Theorie des menschlichen Denkens innerhalb einer Generation erreichen zu können. Ein zentrales Thema der Konferenz war das Sprachverständnis von Computern. Die Teilnehmer waren besonders daran interessiert, Methoden zu entwickeln, die es Maschinen ermöglichen, natürliche Sprache zu verstehen und darauf zu reagieren. Dies war eine Herausforderung, die weit über die damaligen Fähigkeiten der Computer hinausging und grundlegende Fragen über die Struktur der Sprache und die Art und Weise, wie Bedeutung konstruiert wird, aufwarf. Die Forschung in diesem Bereich dauerte deutlich länger als geplant, aber heute sehen wir faszinierend menschliche Dialogsysteme und mächtige Sprachmodelle zur Spracherkennung und zur Generierung synthetischer Stimmen.

Ein weiteres wichtiges Ziel der Konferenz war die Entwicklung von Systemen, die in der Lage sind, Probleme eigenständig zu lösen. Die Konferenzteilnehmer diskutierten Ansätze, wie man Computern beibringen könnte, Probleme durch Abstraktion und Umstrukturierung zu lösen, ähnlich wie es Menschen tun. Dies schloss die Hoffnung ein, dass Computer in der Lage sein würden, neue Problemlösungsstrategien zu generieren, ohne dass sie für jede spezifische Aufgabe neu programmiert werden müssen. Damit setzte die Dartmouth-Konferenz eine Welle von Forschungsinitiativen in Bewegung, die das Feld der KI bis heute nachhaltig geprägt haben.

McCarthy studierte Mathematik am California Institute of Technology und promovierte 1951 an der Princeton University. Er war ein glühender Verfechter der Idee, dass Maschinen eines Tages wirklich intelligent – im menschlichen Sinne – sein könnten, und etablierte den Begriff »Künstliche Intelligenz«. Seine Vision war es, Maschinen zu erschaffen, die nicht nur spezifische Aufgaben ausführen, sondern auch über ein umfassendes Verständnis ihrer Umgebung verfügen und menschenähnliche Flexibilität im Problemlösen zeigen.

Marvin Lee Minsky studierte Mathematik an der Harvard University und wechselte später ans Massachusetts Institute of Technology. Minsky war eine Schlüsselfigur in der Frühzeit der künstlichen Intelligenz und gründete gemeinsam mit McCarthy das MIT Artificial Intelligence Laboratory.

Nathaniel Rochester begann seine Karriere in der Computerindustrie im Jahr 1948 und war einer der Hauptentwickler des IBM 701, dem legendären wissenschaftlichen Großrechner. Seine spätere Arbeit an der Entwicklung von Assembly-Sprachen ermöglichte es Programmierern, Maschinencode durch eine leichter verständliche symbolische Codeform zu ersetzen.

Claude Elwood Shannon führte ebenfalls 1948 das Konzept des »Bit« als grundlegende Maßeinheit der Information ein. Zuvor arbeitete er intensiv an Kryptographie-Themen. Shannon war auch bekannt für seinen spielerischen Ansatz zur Lösung von Problemen. Er baute Jonglierroboter, entwarf Schach-Computer und beschäftigte sich mit dem Bau von mechanischen Mäusen, die Labyrinthe erkunden konnten. In den 1960er Jahren trieb schließlich die Entstehung der kognitiven Wissenschaft, die Psychologie, Neurologie und Computerwissenschaft vereint, die Weiterentwicklung der KI voran. Weitere sechs Jahrzehnte später ist die Künstliche Intelligenz heute in der Breite der Gesellschaft und an der Schwelle zum kommerziellen Massenmarkt angekommen. Die visionären und philosophischen Wurzeln reichen weit zurück.

Quintessenz

Die frühen philosophischen Debatten und die praktischen Fortschritte in der Antike zeigen, dass die Idee, Maschinen könnten denkähnliche Funktionen ausüben, tief in der menschlichen Geschichte verwurzelt ist. Philosophen wie Aristoteles legten den Grundstein für logische Strukturen, die heute in der Programmierung genutzt werden, während Erfinder wie Hero von Alexandria praktische Automatisierungsbeispiele schufen, die als Vorläufer moderner KI-Systeme gelten können. Die gegenwärtige Landschaft der KI ist eine direkte Folge dieser historischen Entwicklungen und ethischen Debatten. Maschinen, die menschenähnliche Antworten generieren und selbstständig Probleme lösen, sind nicht nur technologische Errungenschaften, sondern auch Ergebnisse eines jahrhundertelangen philosophischen, wissenschaftlichen und technologischen Dialogs.

Für Führungskräfte ist es hilfreich, diese historische Perspektive zu verstehen, um die heutigen Herausforderungen und Möglichkeiten der KI richtig einzuordnen. Dieses Wissen ermöglicht eine tiefere Einsicht in die ethischen und gesellschaftlichen Implikationen der Technologie und unterstützt das Formulieren von Strategien, die sowohl innovative als auch verantwortungsbewusste Anwendungen der KI fördern. Insbesondere im Hinblick auf regulatorische Entwicklungen ist ein fundiertes Verständnis der KI-Grundlagen wertvoll, um als Unternehmen am Markt zu bestehen und die Technologie zukunfts- und rechtssicher einzusetzen.

3 Maschinelles Lernen und Sprachmodelle

In der faszinierenden Welt der Künstlichen Intelligenz nehmen das maschinelle Lernen und insbesondere Large Language Models eine Schlüsselrolle ein. Sie revolutionieren die Art und Weise, wie Computer mit natürlicher Sprache umgehen, Zusammenhänge erkennen und komplexe Aufgaben lösen. Für Unternehmen bergen sie enormes Potenzial – von der Automatisierung von Prozessen über personalisierte Kundeninteraktion bis hin zu datenbasierten Entscheidungen und Innovationen. Doch was genau steckt hinter diesen Technologien und wie können Unternehmen sie gewinnbringend nutzen? Maschinelles Lernen basiert auf dem Prinzip, dass Computer anhand von Beispieldaten selbstständig Muster und Regeln erkennen, ohne dass diese explizit programmiert werden müssen. Stellen Sie sich vor, Sie möchten einem Kind beibringen, was eine Katze ist. Sie würden ihm wahrscheinlich viele Bilder verschiedener Katzen zeigen und jedes Mal sagen: »Das ist eine Katze.« Nach einer Weile fängt das Kind an, die gemeinsamen Merkmale zu erkennen, und kann dann auch eine Katze identifizieren, die es noch nie zuvor gesehen hat. Genau so funktioniert im Grunde maschinelles Lernen. Der Computer wird mit einer großen Menge an Daten »gefüttert«, z. B. Millionen von Katzenbildern. Mit der Zeit »lernt« er dann, Muster zu erkennen und Vorhersagen zu treffen, ohne dass man ihm dafür explizite Regeln programmieren muss.

Dieses Prinzip lässt sich auch auf die natürliche Sprache übertragen. Moderne Large Language Models (LLMs) werden mit riesigen Textmengen aus dem Internet trainiert. Dabei lernen sie die statistischen Zusammenhänge und Strukturen der Sprache. Gibt man ihnen dann einen neuen Text-Input, erzeugen sie die statistisch wahrscheinlichste Fortsetzung. Es ist, als würden sie Ihre Sätze vervollständigen, allerdings auf einem viel komplexeren Niveau. LLMs können so nicht nur Fragen beantworten und Texte zusammenfassen, sondern sogar kreative Inhalte wie Gedichte oder Geschichten generieren. Mit der Zeit können sie dann Vorhersagen treffen oder Entscheidungen fällen, indem sie die gelernten Muster auf neue, unbekannte Daten anwenden.

Dieses Prinzip hat die Entwicklung von KI in den letzten Jahren enorm vorangetrieben und ein breites Spektrum an Anwendungen ermöglicht. Diese KI-Systeme werden mit riesigen Mengen an Textdaten trainiert und lernen so, die komplexen Strukturen und Zusammenhänge natürlicher Sprache zu verstehen und zu generieren. Moderne LLMs wie GPT-3 (Generative Pre-trained Transformer 3) von OpenAI oder PaLM (Pathways Language Model) von Google wurden auf Milliarden von Webseiten, Büchern und Artikeln trainiert. Sie verfügen über Hunderte von Milliarden Parametern – ein Komplexitätsgrad, der noch vor wenigen Jahren undenkbar schien. Das Besondere an LLMs ist ihre Fähigkeit, zu einem gegebenen Text-Input eine passende Fortsetzung zu generieren. Füttern Sie ein solches Modell beispielsweise mit dem Satzanfang »Es war einmal ...«, wird es daraus eine vollständige Geschichte spinnen, die in Stil und Inhalt wie von Menschenhand geschrieben wirkt. Diese Fähigkeit basiert auf dem Prinzip der konditionalen Wahrscheinlichkeit: Das Modell sagt Wort für Wort das jeweils wahrscheinlichste nächste Wort vorher, basierend auf dem Kontext der vorangegangenen Wörter. Wie ein Zauberer, der Schritt für Schritt seine Tricks enthüllt, generieren LLMs so ganze Sätze, Absätze und Geschichten.

Dabei geht es nicht nur um bloße Textgenerierung: LLMs sind in der Lage, Konzepte und Zusammenhänge zu verstehen, Fragen zu beantworten, Texte zusammenzufassen und sogar Programmcodes zu schreiben. Sie erfassen die Semantik und den Kontext von Sprache auf einem Niveau, das breite Anwendungsmöglichkeiten eröffnet. Unternehmen können diese Modelle zum Beispiel nutzen, um den Kundenservice zu automatisieren, personalisierte Empfehlungen auszusprechen, Content zu generieren oder komplexe Datenanalysen durchzuführen. Die Möglichkeiten sind schier endlos. Allerdings ist es wichtig zu verstehen, dass LLMs keine »echte« Intelligenz besitzen, wie wir Menschen sie haben. Sie simulieren Sprachverständnis durch statistische Muster, haben aber kein tiefes Verständnis von Konzepten, kein Weltwissen und keine Fähigkeit zu logischem Schlussfolgern. Ihre Outputs können beeindruckend sein, aber auch fehleranfällig, inkonsistent oder vorurteilsbelastet, wenn die Trainingsdaten entsprechende Verzerrungen aufweisen. Daher müssen die Ergebnisse dieser Modelle stets kritisch geprüft und von menschlichen Experten überwacht werden.

Ein weiterer wichtiger Aspekt ist die Unterscheidung zwischen Vorhersage und Inferenz. Ein weiterer zentraler Aspekt ist der Unterschied zwischen dem Voraussagen des nächsten Wortes in einer Sequenz – vergleichbar mit dem Ausfüllen einer Lücke in einem Text – und dem Ableiten oder Schließen von Informationen aus einem Kontext. Beim Voraussagen des nächsten Wortes geht es darum, quasi zu raten, welches Wort als Nächstes in einer Abfolge kommen könnte. Dies ähnelt dem Prinzip des Lückentextes. Dahingegen bezieht sich das Ableiten oder Schließen von Informationen aus einem Kontext auf das Ziehen von Rückschlüssen und Schlussfolgerungen aus den vorhandenen Inhalten und Zusammenhängen. LLMs meistern diese Aufgabe der Vorhersage mit beeindruckender Genauigkeit. Die Inferenz hingegen bezeichnet die Fähigkeit, aus einem gegebenen Input eine vollständige, sinnvolle Antwort oder Lösung zu generieren. Hier geht es nicht nur um das Vervollständigen von Textbausteinen, sondern um komplexere kognitive Leistungen wie Textverständnis, Wissensverknüpfung und kreatives Problemlösen.

Ein Forschungspapier der Stanford Universität aus dem Jahr 2024 beleuchtet diesen Unterschied und argumentiert, dass LLMs in Zukunft vermehrt für Inferenz-Aufgaben eingesetzt werden könnten. Statt sich auf die reine Textgenerierung zu beschränken, könnten diese Modelle demnach genutzt werden, um aus komplexen Daten Wissen zu extrahieren, Zusammenhänge zu erklären und interaktiv mit Menschen zu kommunizieren. Die Autoren sehen darin ein enormes Potenzial für Bereiche wie Wissenschaft, Medizin oder Business Intelligence, in denen es darum geht, große Datenmengen zu interpretieren und daraus Entscheidungen abzuleiten.

Für Unternehmen bedeutet dies, dass der Einsatz von LLM Modellen weit über reine Automatisierung oder Content-Generierung hinausgehen kann. Mit den richtigen Prompts und Datengrundlagen könnten diese Modelle zu intelligenten Assistenzsystemen werden, die Mitarbeiter bei komplexen kognitiven Aufgaben unterstützen. Sie könnten helfen, Markttrends zu erkennen, Kundenbedürfnisse zu antizipieren oder strategische Entscheidungen datenbasiert zu treffen. Das erfordert jedoch ein gutes Verständnis der Fähigkeiten und Grenzen der Technologie sowie eine sorgfältige Planung und Überwachung des Einsatzes. Auch in der beruflichen Weiterbildung eröffnet der Einsatz faszinierende Möglichkeiten. Ihre Stärke liegt vor allem in der Flexibilisierung des Lernprozesses. LLMs ermöglichen es Lernenden, Bildungsinhalte unabhängig von Zeit und Ort zu rezipieren – ein enormer Vorteil für Berufstätige, die oft mit begrenzter Zeit und Mobilität konfrontiert sind. Durch die Anpassung der Lerninhalte an den individuellen Wissensstand entsteht eine personalisierte Lernerfahrung, die auf die spezifischen Bedürfnisse und Fähigkeiten jedes Einzelnen zugeschnitten ist.

Ein weiterer Vorteil von LLMs in der Bildung ist die Förderung des Zugangs und der Inklusion. Durch die Generierung von Lerninhalten in verschiedenen Sprachen und Schwierigkeitsgraden können LLMs dazu beitragen, Bildungsbarrieren abzubauen. Menschen mit unterschiedlichen sprachlichen Hintergründen oder Lernvoraussetzungen erhalten so bessere Möglichkeiten, am Bildungsgeschehen teilzuhaben. Auch für Menschen mit Behinderungen kann der Einsatz von LLMs neue Türen öffnen, indem Lerninhalte automatisch in barrierefreie Formate wie Audiodateien oder Brailleschrift übersetzt werden.

Ein kritischer Punkt ist die Frage der Datensicherheit und des Datenschutzes. Beim Einsatz von LLMs in der Bildung werden oft sensible personenbezogene Daten verarbeitet, etwa über Lernfortschritte, Stärken und Schwächen von Lernenden. Es muss sichergestellt werden, dass diese Daten geschützt sind und nicht missbraucht werden können. Auch die Transparenz über die Verwendung von KI-Systemen in der Bildung ist ein wichtiges Gebot. Lernende und Lehrende müssen wissen, wann und wie ihre Daten genutzt werden und welche Rolle LLMs im Lernprozess spielen.

Wie können wir sicherstellen, dass diese Technologien allen gleichermaßen zugutekommen und nicht bestehende Bildungsungleichheiten verschärfen? Wie verhindern wir, dass sich in den Modellen gesellschaftliche Stereotype und Diskriminierungsmuster widerspiegeln und reproduzieren? Hier ist ein interdisziplinärer Dialog zwischen Bildungsverantwortlichen, KI-Forschern und Ethikexperten gefragt, um Richtlinien und Standards für eine verantwortungsvolle und inklusive Nutzung von LLMs in der Bildung zu entwickeln.

Zudem unterstreichen Studien das enorme Potenzial von Large Language Models für das Verständnis und die Erklärung komplexer Datensätze. Die Forscher zeigen, wie diese Modelle genutzt werden können, um aus rohen Daten aussagekräftige Erkenntnisse und Erklärungen in natürlicher Sprache zu generieren. Durch geschickte Prompts und den Einsatz von Techniken wie »Chaining« (die schrittweise Verknüpfung von Prompts zu einer Inferenz-Kette) lassen sich Large Language Models demnach als mächtige Werkzeuge für Data Science und Business Analytics einsetzen.

Ein konkretes Anwendungsbeispiel wäre die Analyse von Kundendaten in einem Einzelhandelsunternehmen. Angenommen, das Unternehmen sammelt große Mengen an Transaktionsdaten, Kundenprofilen und Feedback. Ein herkömmliches Dashboard kann daraus aggregierte Metriken und Visualisierungen erzeugen - aber es erfordert viel Expertise und Zeit, um daraus konkrete Insights und Handlungsempfehlungen abzuleiten. Ein trainiertes

Large Language Model hingegen könnte die Rohdaten verstehen, eigenständig Muster und Anomalien erkennen und diese in verständlicher Sprache erklären. Durch gezielte Prompts könnte das Modell beispielsweise Fragen beantworten wie: »Welche Kundensegmente haben im letzten Quartal den höchsten Umsatz generiert und warum?«, »Welche Produktkategorien performen unterdurchschnittlich und was sind mögliche Gründe dafür?« oder »Wie hat sich das Kaufverhalten in Reaktion auf unsere letzte Marketingkampagne verändert?«. Anstatt sich durch Zahlenkolonnen und Diagramme zu arbeiten, erhielten Entscheider so direkt aussagekräftige, datengestützte Antworten. Dies könnte die Entscheidungsfindung enorm beschleunigen und auch weniger datenaffinen Mitarbeitern den Zugang zu wertvollen Erkenntnissen ermöglichen.

Modelle wie ChatGPT-4, Google-PaLM und Gemini-1.5-Pro-128k zählen zu den Schwergewichten der aktuellen Sprachmodell-Generation (zum Zeitpunkt der Entstehung dieses Textes) und verfügen über eine extrem hohe Anzahl an Parametern, die sich im Bereich von hunderten Milliarden bis hin zu Billionen bewegt. Diese enormen Kapazitäten eröffnen immense Wissensressourcen und leistungsstarke Anwendungspotenziale. Etwas kleiner dimensioniert, aber für viele Zwecke vollkommen ausreichend, sind Modelle wie Claude-3-Opus oder Llama-3-70B-T. Sie kommen zwar »nur« mit einigen Dutzend Milliarden Parametern aus, bieten damit aber dennoch leistungsfähige Fähigkeiten für zahlreiche Anwendungsszenarien. Allerdings bringen Modelle wie ChatGPT-4 oder Google-PaLM auch erhöhte Anforderungen an die Hardware-Ressourcen mit sich und benötigen häufig längere Verarbeitungszeiten. Ihr Einsatzgebiet liegt daher vor allem bei komplexen Aufgaben mit der Verarbeitung großer Datenmengen.

Demgegenüber stehen spezialisierte Modelle wie Mistral-Large für kreatives Schreiben oder Codex für Programmieraufgaben. In ihrem jeweiligen Spezialgebiet arbeiten sie oft effizienter und lassen sich auch auf weniger leistungsstarker Hardware betreiben. Die entscheidenden Faktoren für Qualität und Leistungsfähigkeit der Sprachmodelle sind die Beschaffenheit der Trainingsdaten sowie die angewandten Methoden bei der Ausbildung der Systeme. Sowohl die Vielfalt und Reichhaltigkeit der Datengrundlage als auch der Umgang mit potenziellen Verzerrungen und Fehlern in den Datensätzen prägen die spätere Verlässlichkeit der Modelle.

Neuere Ansätze wie Constitutional AI, wie sie beispielsweise bei Claude-3-Opus zum Einsatz kommt, oder Reinforcement Learning aus menschlichen Rückmeldungen, angewandt etwa bei ChatGPT, zielen darauf ab, die Modellergebnisse besser an menschliche Werte und Präferenzen anzupassen. Die Verfügbarkeit von APIs und Programmierschnittstellen wie bei Anthropics Claude oder OpenAIs GPT ist ein wichtiger Faktor für die Praxistauglichkeit und Bedienbarkeit der Sprachmodelle. Solche technischen Schnittstellen erleichtern Entwicklern die Integration der KI-Systeme in unternehmenseigene Anwendungen und Lösungen. Für weniger technisch versierte Nutzer sind hingegen vorkonfigurierte Anwendungen mit intuitiven Benutzerschnittstellen der Einstieg der Wahl. Die ChatGPT-Webapp ist hier ein Paradebeispiel, das auch Laien eine produktive und unkomplizierte Nutzung mit minimaler Einarbeitungszeit ermöglicht.

Je nach Anforderungen und Zielgruppe machen die unterschiedlichen Bedienkonzepte die innovativen Sprachmodelle für vielerlei Personenkreise praktisch handhabbar und einsetzbar. Die Zukunft des maschinellen Lernens und der Sprachmodelle verspricht eine Welt, in der Computer immer besser darin werden, natürliche Sprache zu verstehen und zu generieren. Sie werden uns helfen, Muster und Zusammenhänge in riesigen Datenmengen zu entdecken, komplexe Probleme zu lösen und fundierte Entscheidungen zu treffen. Diejenigen, die abwarten oder die Risiken unterschätzen, laufen Gefahr, den Anschluss zu verlieren. Es gilt, jetzt die Weichen zu stellen: durch Investitionen in Technologie und Talente, durch agile Experimentier- und Lernprozesse und nicht zuletzt durch verantwortungsvolles, wertegeleitetes Handeln.

Die Reise hat gerade erst begonnen und das Ziel ist noch nicht klar abgesteckt. Wir haben jetzt die historische Chance, und Aufgabe, diese Entwicklung aktiv und verantwortungsvoll mitzugestalten.

Quintessenz

Das maschinelle Lernen und speziell Large Language Models eröffnen Unternehmen völlig neue Möglichkeiten. Wie ein Kind, das anhand vieler Beispiele lernt, eine Katze zu erkennen, lernen LLMs aus riesigen Textmengen die Muster der Sprache. Sie können dann zu einem Input die passendste Fortsetzung generieren – Wort für Wort, wie ein Zauberer seine Tricks enthüllt. Dabei ist es wichtig, zwischen der Vorhersage des nächsten Wortes und der Generierung einer ganzen, sinnvollen Antwort zu unterscheiden.

Für Ihr Unternehmen bedeutet das konkret: LLMs können repetitive Aufgaben automatisieren, die Kundeninteraktion personalisieren, Content generieren und datenbasierte Entscheidungen unterstützen. Sie sind vielseitige Werkzeuge für mehr Effizienz und Innovation. Um diese Chancen zu nutzen, sollten Sie als Führungskraft jedoch auch die Grenzen und Risiken von LLMs verstehen. Die gelieferten Ergebnisse sind nicht fehlerfrei und sollten stets von Experten überprüft werden. Zudem gilt es, proaktiv ethische Aspekte und Auswirkungen auf Jobs und Prozesse zu managen.

Seien Sie mutig und gestalten Sie den Wandel aktiv mit – mit Bedacht, Weitblick und dem Fokus darauf, das Beste für Ihr Unternehmen, Ihre Mitarbeiter und Ihre Kunden herauszuholen. Die Reise hat gerade erst begonnen.

4 General AI und Super-Intelligenz

Im Kapitel über das Grundlagen-Wissen haben wir das Haupt-Augenmerk auf die Narrow AI, also hoch-spezialisierte Künstliche Intelligenz für dedizierte Aufgaben, und auf die Generative KI gelegt, die für viele Anwender derzeit wie ein kreatives Universalwerkzeug wirkt. ChatGPT als derzeit prominentester Vertreter der Generativen KI hat das Thema Künstliche Intelligenz in die breite Sichtbarkeit geführt und ist für viele Menschen ein KI-Synonym. Generative Künstliche Intelligenz umfasst Systeme, die Daten analysieren, daraus lernen und eigenständig neue Inhalte erzeugen, die den trainierten Daten ähnlich sind. Für Sie als Unternehmer eröffnet dies die Möglichkeit, kreativen Content automatisiert und effizient zu produzieren, was zu einer Reduzierung der Kosten und einer Steigerung der Innovationsgeschwindigkeit führen kann. Aber die Einsatzgebiete sind wesentlich breiter gefächert:

In der Automobilindustrie unterstützt Generative KI Designer bei der Erstellung innovativer Fahrzeugmodelle. In der Pharmabranche beschleunigt sie die Entdeckung neuer Medikamente, indem sie mögliche Wirkstoffe vorhersagt. Und Medienunternehmen nutzen sie zur Erstellung personalisierter Inhalte, die genau auf die Vorlieben des Publikums abgestimmt sind. Die Olympischen Spiele 2024 in Paris waren zum Beispiel ein riesiger Show-Case für die KI-Unterstützung im Broadcast-Bereich. Kurzum, diese Technologie ermöglicht es Unternehmen, schneller, kosteneffizienter und zielgerichteter zu arbeiten. Aber die Reproduzierbarkeit und Verlässlichkeit der Ergebnisse ist derzeit noch ein Risiko für Unternehmen und eine große Herausforderung und Aufgabenstellung für die Entwickler und Anbieter von KI-Lösungen.

Narrow AI ist der am längsten etablierte Bereich der Künstlichen Intelligenz und zielt darauf ab, eng umrissene Aufgaben effizient und effektiv zu lösen. In der Industrie, der Logistik und der Forschung sind dies vor allem Bereiche mit einer großen Menge an strukturierten Daten. Narrow AI übertrifft hier oft menschliche Fähigkeiten. Ein prominentes Beispiel für den Einsatz von Narrow AI ist die Finanzindustrie. Hier werden Algorithmen für das automatisierte Handeln an Börsen verwendet, die in Sekundenbruchteilen Kauf- oder Verkaufsentscheidungen treffen können, basierend auf einer Analyse riesiger Datenmengen. Diese Systeme können Markttrends vorhersagen und sind in der Lage, sich in Echtzeit an veränderte Marktbedingungen anzupassen. Im Gesundheitsbereich wird Narrow AI genutzt, um Diagnoseverfahren zu verbessern. KI-Systeme analysieren medizinische Bilder wie Röntgenaufnahmen oder MRTs, um Krankheiten frühzeitig zu erkennen. In der Automobilbranche wird Narrow AI in Form von Fahrassistenzsystemen eingesetzt. Diese Systeme unterstützen den Fahrer durch Funktionen wie Spurhaltung, automatische Bremsung oder Verkehrszeichenerkennung. Die fortschrittlichsten Anwendungen dieser Technologie finden sich in den Entwicklungen zum autonomen Fahren, wo Narrow AI entscheidende Funktionen für die Navigation und Sicherheit übernehmen soll.

Doch wie steht es um die ursprüngliche Vision von Maschinen, die menschenähnlich denken und handeln können? Und was hat es mit der Darstellung der Künstlichen Intelligenz in Kinofilmen und TV-Serien auf sich, in denen oft eine KI-Entität ein Eigenleben entwickelt, sich vom Menschen emanzipiert und diesem nicht mehr dient? Die KI wird mit einer Art Super-Intelligenz dem Menschen überlegen und deshalb meist als gefährlich dargestellt. Diese noch fiktionalen Geschichten referenzieren auf die Forschungs- und Entwicklungsarbeit zur General AI, der »Allgemeinen Künstlichen Intelligenz« – und auf die philosophischen Überlegungen zur Super-Intelligenz.

Lösungen der Narrow AI sind dem Menschen zwar in ganz bestimmten Aufgabenstellungen, vor allem der Analyse großer Datenmengen, zumindest in der Geschwindigkeit überlegen, brillieren aber nur in einem sehr eng umfassten Aufgabenspektrum. Sie werden darauf trainiert, in nur einem Fachgebiet und dort in

4 General AI und Super-Intelligenz

nur einer Tätigkeit leistungsstark und mächtig zu sein. Dies ist vielleicht vergleichbar mit den Anfängen der Fließbandarbeit oder Robotik-Systemen mit einem einprogrammierten Spezial-Talent.

Hier ist der Begriff »Intelligenz« nicht zu verwechseln mit der Intelligenz beim Menschen, die ein vielschichtiges und facettenreiches Konzept ist, das sich auf die Fähigkeit bezieht, zu lernen, zu verstehen, zu schließen, komplexe Probleme zu lösen und sich effektiv mit der Umwelt auseinanderzusetzen. Der Mensch verfügt – jeweils mehr oder weniger – über kognitive Fähigkeiten, über eine emotionale Intelligenz, über soziale Intelligenz, über Kreativität und Anpassungsfähigkeit. Auf den ersten Blick erscheint die Generative KI hier schon deutlich mehr Aspekte abzudecken. Insbesondere die Fähigkeiten zum Aufbau von Beziehungen und sozialer Interaktion sind aber noch stark eingeschränkt.

Chatbots sind zwar dialogbasiert, ihnen fehlt jedoch noch die menschliche Fähigkeit zu Gefühlen und sich in sozialen Kontexten zurechtzufinden. Zeigt die KI dennoch solche menschenähnlichen Züge, wurde ihr das meist antrainiert. Oft schauspielert sie und täuscht über ihre Defizite hinweg. Bei Menschen würde man dies Hochstapelei nennen. Dieses Fazit ist auch keineswegs abwertend gemeint, denn die Generative KI leistet bereits Beachtliches und lernt in hohem Tempo dazu. Sie versteht immer besser den Kontext und die Absicht hinter der promptbasierten Aufgabenstellung, merkt sich die Interessen der Nutzer und versucht durch das Feedback der Anwender hinzuzulernen. Emotionen und ein soziales Denken sind ihr aber noch weitgehend fremd.

Wenn es also um menschenähnliche Allgemeine Künstliche Intelligenz geht, dann hat die Entwicklung der Sprachmodelle andere Schwerpunkte. Denn auch ein Mensch ist nicht allwissend und brilliert nicht in jeder Aufgabenstellung. Selbst die Definition einer Super-Intelligenz kann man nicht mit den gängigen Theorien und Modellen vergleichen, mit denen menschliche Intelligenz gemessen wird. Eine KI entfaltet keine Super-Intelligenz, indem sie einen hohen Intelligenzquotienten entfaltet. Menschen mit hohem IQ haben oft auch Probleme mit emotionalen und sozialen Interaktionen.

Dieses Kapitel über General AI und Super-Intelligenz ist aber deshalb wichtig, da alle Weichen in Richtung einer Allgemeinen Künstlichen Intelligenz gestellt sind. Branchenexperten sprechen von einer »angezogenen Handbremse« und schätzen die letzten Meilen hin zur menschenähnlichen, oder gar dem Menschen überlegenen, KI als nur noch eine Frage weniger Jahre. Wenn Sie als Unternehmerin oder Unternehmer also heute eine zukunftssichere KI-Strategie entwickeln wollen, dann sollten Sie die Roadmap in Richtung General AI und Super-Intelligenz nicht ausblenden. Selbst wenn deren technologische Möglichkeiten durch Regulatorik und einen angepassten Rechtsrahmen beschnitten werden können. Wir werden sehen, dass sich die Marktsegmente in zwei Pole aufteilen werden. Es gibt weiterhin einen starken Bedarf an einer leistungsfähigen, aber im menschlichen Sinne weniger intelligenten, Narrow AI. Und die Generative KI wird in großen Schritten mehr und mehr zur Allgemeinen Künstlichen Intelligenz. Erst einmal unter der Prämisse, weiterhin ein Freund des Menschen zu sein. Aus dem Werkzeug wird ein menschenähnlicherer Assistent. Die Super-Intelligenz, die potenziell mit dem Menschen in Wettstreit tritt und ihm überlegen ist, ist dagegen weniger eine Frage der technologischen Machbarkeit, sondern ethischer Überlegungen. Hier ist die Politik gefragt und eine rechtzeitige, breite gesellschaftliche Debatte notwendig.

Der Weg zur – derzeit noch hypothetischen – Super-Intelligenz führt über exponentielle Verbesserungen bestehender KI-Systeme, unterstützt durch Durchbrüche in der Computertechnologie und durch fundamentale Erkenntnisse in der kognitiven Neurowissenschaft. Für Unternehmen birgt dies, jenseits der wichtigen ethischen Überlegungen, sowohl unglaubliche Chancen als auch Herausforderungen in der Skalierung und Integration solcher Systeme. Bei allem Vertrauen in Politik und Gesetzgebung: Die Entwicklung der Künstlichen Intelligenz in Richtung einer – wenn auch regulativ eingeschränkten – Super-Intelligenz ist nicht nur eine technologische, sondern vor allem eine unternehmerische Herausforderung. Unternehmerinnen und Unternehmer sollten sich auf diese Veränderungen vorbereiten, indem sie in KI-Kompetenzen investieren, Partnerschaften mit Technologieanbietern aufbauen und eine Kultur der Innovation und des lebenslangen Lernens fördern. Indem sie ethische Überlegungen in den Mittelpunkt ihrer KI-Strategien stellen, können sie nicht nur innovativ, sondern auch verantwortungsbewusst handeln und so das Vertrauen ihrer Kunden und der Öffentlichkeit stärken.

Heutige Systeme der Generativen KI verwenden umfangreiche Datensätze und lernen durch Training aus diesen Daten, Texte zu generieren, Bilder zu erstellen oder Sprache zu verstehen. Jedoch sind ihre Fähigkeiten auf die Domänen beschränkt, für die sie trainiert wurden, und sie besitzen kein echtes Verständnis oder Bewusstsein. Die Idee einer deutlich mächtigeren Allgemeinen Künstlichen Intelligenz, in der Fachwelt AGI genannt, geht deutlich weiter. Sie skizziert eine Form der KI, die die Fähigkeit besitzt, ein breites Spektrum intellektueller Aufgaben zu bewältigen, die normalerweise menschliche Intelligenz erfordern. General AI wäre in der Lage, Verständnis, Lernen, Anpassung und Anwendung von Wissen in einem Maße zu demonstrieren, das dem menschlichen Gehirn gleichkommt.

Eine solche Intelligenz könnte theoretisch jede intellektuelle Aufgabe ausführen, die ein Mensch kann. Sie umfasst kritisches Denken, Problemlösung in verschiedenen Kontexten, Entscheidungsfindung unter Unsicherheit, Planung, Sprachverständnis und Kreativität. Der Vorteil für Unternehmen liegt auf der Hand: AGI würde sich deutlich flexibler an neue und unbekannte Probleme anpassen. Die KI könnte aus Erfahrungen lernen und dieses Wissen über verschiedene Domänen hinweg anwenden, ohne für jede spezifische Aufgabe neu trainiert werden zu müssen. Und AGI würde über ein tiefes, kontextbezogenes Verständnis ihrer Aktionen und Entscheidungen verfügen.

In Unternehmensumgebungen könnte die allgemeine Künstliche Intelligenz strategische Entscheidungen unterstützen, indem sie komplexe Datenmuster analysiert und zukünftige Trends vorhersagt. Sie könnte in Echtzeit auf Marktveränderungen reagieren und Optimierungen vornehmen. General AI könnte in der Lage sein, komplexe Arbeitsabläufe zu automatisieren, die derzeit menschliche Kreativität und Problemlösungsfähigkeiten erfordern, wie zum Beispiel in der Forschung und Entwicklung oder dem Management von Lieferketten. Ein ganz praktisches Beispiel wäre ein gewinnbringender Einsatz in der Verkehrsleitsteuerung der Deutschen Bahn. Im Gesundheitswesen könnte die KI individualisierte Behandlungspläne basierend auf der genetischen Ausstattung, dem Lebensstil und den früheren Gesundheitsdaten eines Patienten entwickeln, und im Kundenservice würden nervige Telefoncomputer und Callcenter zunehmend abgelöst durch eine KI, die nicht nur Anfragen beantwortet, sondern auch Emotionen und Stimmungen der Kunden versteht und darauf eingeht. Gerade in diesem Gebiet gibt es bereits bahnbrechende Fortschritte. Und General AI könnte maßgeschneiderte Lernprogramme erstellen, die sich an den individuellen Lernstil und das Tempo der Lernenden anpassen.

Der schwedische Philosoph und Wissenschaftler Nick Bostrom forscht und veröffentlicht im Bereich der KI-Ethik und hat den Begriff Super-Intelligenz geprägt. Er ist Gründer des Future of Humanity Instituts an der Universität Oxford, das sich mit den langfristigen Auswirkungen wissenschaftlicher und technologischer Entwicklungen auf die Menschheit beschäftigt. Seine Forschungen konzentrieren sich vor allem auf die potenziellen Risiken und Chancen, die mit der Entwicklung von KI einhergehen, insbesondere im Bereich der künstlichen Super-Intelligenz, die die menschliche Intelligenz übertreffen könnte. In seinem Buch *Superintelligence: Paths, Dangers, Strategies* argumentiert Bostrom, dass die Entwicklung einer Super-Intelligenz eine der größten Herausforderungen darstellt, mit der die Menschheit konfrontiert sein könnte, und dass entsprechende Sicherheitsmaßnahmen ergriffen werden müssen, bevor solche Technologien realisiert werden. Er definiert Super-Intelligenz als eine Intellektform, die die kognitiven Leistungen der besten menschlichen Gehirne in fast allen Bereichen, einschließlich wissenschaftlicher Kreativität, allgemeiner Weisheit und sozialen Fähigkeiten, übertrifft. Diese Form der Intelligenz könnte sich durch selbstverbessernde Algorithmen entwickeln, die es der KI ermöglichen, ihre eigenen Designs zu überarbeiten und ihre Intelligenz exponentiell zu steigern. Damit unterscheidet sich die Super-Intelligenz nochmals deutlich von der General AI, die sich durch das Erreichen menschlicher Intelligenz für die KI auszeichnet, ohne diese notwendigerweise übertreffen zu wollen.

Die potenziellen Auswirkungen einer Super-Intelligenz auf den Arbeitsmarkt und die globale Wirtschaft wären tiefgreifend. Sie könnte zu signifikanten Umwälzungen in allen Industriebereichen führen. Die bestehenden Befürchtungen in der Debatte rund um Ethik und Sicherheit zielen darauf ab, dass die KI ihre eigenen Ziele verfolgen und sich der menschlichen Kontrolle entziehen könnte. Nicht wenige Stimmen zweifeln aber auch an der Umsetzbarkeit, da dies ein tiefgreifendes Verständnis menschlicher Kognition und deren vollständige technische Replikation erfordern würde.

Optimistisch betrachtet könnte die Super-Intelligenz vor allem im Krisenmanagement und der globalen Logistik helfen. Sie könnte in der Rolle eines persönlichen Assistenten dienen, komplexe Lebens- und Geschäftsentscheidungen zu unterstützen. Und sie wäre ein mächtiger Quantensprung im Innovationsmanagement. Die Entwicklung hin zu einer solchen Technologie ist ein schrittweiser Prozess, der ständige Evaluierung und möglicherweise neue Formen der Governance erfordert. Wie hypothetisch dies bleibt, entscheiden wir.

Quintessenz

Narrow AI, spezialisiert auf bestimmte Aufgaben, übertrifft oft menschliche Fähigkeiten in spezifischen Anwendungsbereichen wie Finanzhandel und medizinische Diagnostik durch die Analyse großer Datenmengen. Generative KI, prominent vertreten durch Systeme wie ChatGPT, revolutioniert Branchen durch die automatisierte Erstellung von Inhalten. Diese Technologien bieten Ihrem Unternehmen die Möglichkeit, effizienter und zielgerichteter zu operieren, wobei die Herausforderung in der Sicherstellung der Zuverlässigkeit und Reproduzierbarkeit der Ergebnisse liegt.

Die Vision einer General AI beschreibt die Fähigkeit der KI, intellektuelle Aufgaben in einer Vielzahl von Kontexten menschenähnlich zu bewältigen. Diese Entwicklung könnte noch weit tiefergreifende Auswirkungen auf die Arbeitswelt haben und erfordert eine sorgfältige ethische Betrachtung und rechtliche Rahmenbedingungen. Für Unternehmer ist es entscheidend, sich auf diese Technologien vorzubereiten, indem sie KI-Kompetenzen aufbauen und ethische Überlegungen in ihre Strategien integrieren. Die KI-Entwicklung ist ein hochdynamischer, fortlaufender Prozess, der potenziell zur Super-Intelligenz führen könnte, die menschliche Fähigkeiten in fast allen Bereichen übertreffen würde und dabei neue Governance-Formen erfordert.

Diese – noch hypothetische – Perspektive verlangt die Förderung einer Innovations- sowie Lernkultur und gleichzeitig Strategien, um eine verantwortungsbewusste KI-Nutzung zu gewährleisten.

5 Integrationsfähigkeit und Resilienz

Die Einführung von KI-Systemen in Unternehmen bringt zweifellos Veränderungen mit sich, die nicht nur technologischer, sondern auch kultureller Natur sind. Die Integration und Resilienz der Mitarbeiter spielen dabei eine entscheidende Rolle, um den Übergang erfolgreich zu gestalten.

Integrationsfähigkeit bezieht sich auf die Fähigkeit der Mitarbeiter, sich in das Unternehmen einzufügen und effektiv mit anderen zusammenzuarbeiten. Eine gute Integrationsfähigkeit fördert die Zusammenarbeit und den Teamgeist, was wiederum die Produktivität steigern kann. Führungskräfte haben die Aufgabe, die Integrationsfähigkeit ihrer Mitarbeiter zu stärken. Dies kann durch die Förderung von Klarheit, Authentizität, Aktualisierung, Respekt, Mehrwert und Autonomie erreicht werden. Klarheit in Bezug auf die Unternehmensziele und -werte hilft den Mitarbeitern, ihre Rolle im Unternehmen zu verstehen. Authentizität und Respekt schaffen eine positive Arbeitsumgebung, die die Zusammenarbeit fördert. In der heutigen schnelllebigen Arbeitswelt ist es für Unternehmen von entscheidender Bedeutung, engagierte und motivierte Mitarbeiter zu haben. Zwei Schlüsselfaktoren, die dabei eine wichtige Rolle spielen, sind die Möglichkeit zur kontinuierlichen Weiterentwicklung und die Gewährung von Autonomie am Arbeitsplatz.

Mitarbeiter, die das Gefühl haben, sich kontinuierlich weiterzuentwickeln und ihre Fähigkeiten zu verbessern, sind in der Regel motivierter und engagierter bei der Arbeit. Durch die Teilnahme an Schulungen, Workshops oder Mentoring-Programmen können sie neue Kompetenzen erwerben und ihre Expertise in ihrem Fachgebiet ausbauen. Dies führt nicht nur zu einer höheren Arbeitszufriedenheit, sondern ermöglicht es den Mitarbeitern auch, einen größeren Mehrwert für das Unternehmen zu schaffen.

Ein weiterer wichtiger Aspekt für die Mitarbeitermotivation ist die Gewährung von Autonomie am Arbeitsplatz. Wenn Mitarbeiter das Gefühl haben, Verantwortung übernehmen und eigenständig Entscheidungen treffen zu können, fühlen sie sich stärker in das Unternehmen eingebunden. Dies fördert ihre Identifikation mit den Unternehmenszielen und erhöht ihre Bereitschaft, sich aktiv einzubringen. Autonomie bedeutet jedoch nicht, dass Mitarbeiter völlig unabhängig agieren. Vielmehr geht es darum, ihnen innerhalb eines klar definierten Rahmens die Freiheit zu geben, ihre Arbeit selbstständig zu organisieren und durchzuführen. Dadurch können sie ihre Stärken optimal einsetzen und kreative Lösungen entwickeln.

Die genannten Aspekte wie Klarheit über Ziele und Werte, Authentizität, Respekt und Entwicklungsmöglichkeiten sind in der Tat essenziell, um die Integrationsfähigkeit zu fördern. Ergänzend ist noch die Bedeutung einer offenen Kommunikationskultur und eines regelmäßigen Feedbacks zu betonen. Dadurch fühlen sich Mitarbeiter stärker eingebunden und Probleme können frühzeitig erkannt und gelöst werden. Eine Studie von Gallup hat gezeigt, dass Mitarbeiter, die regelmäßiges Feedback von ihren Vorgesetzten erhalten, um 12,5% produktiver und um 20% weniger häufig krank sind als Mitarbeiter ohne Feedback. Das unterstreicht die Wichtigkeit einer guten Kommunikation für die Integration und das Engagement der Belegschaft.

Resilienz bezieht sich auf die Fähigkeit der Mitarbeiter, mit Stress, Veränderungen und Herausforderungen umzugehen und sich davon zu erholen. In einer sich ständig verändernden Arbeitsumgebung, in der Technologie eine immer größere Rolle spielt, ist Resilienz unerlässlich. Führungskräfte können die Resilienz ihrer Mitarbeiter stärken, indem sie Klarheit über den Mehrwert der Arbeit für den Erfolg des Unternehmens schaffen. Wenn Mitarbeiter verstehen, wie ihre Arbeit zum Gesamterfolg beiträgt, sind sie motivierter und widerstandsfähiger gegenüber den Herausforderungen, die sich ergeben können. Gerade in Umbruchzeiten

5 Integrationsfähigkeit und Resilienz

durch neue Technologien wie KI ist Resilienz enorm wichtig. Nur resiliente Mitarbeiter können mit dem hohen Veränderungstempo und möglichen Stresssituationen gut umgehen. Führungskräfte spielen hier eine zentrale Rolle. Neben den bereits genannten Punkten wie Purpose, Autonomie und stressabsorbierender Führung ist auch die Förderung von Anpassungsfähigkeit und lebenslangem Lernen als essenziell anzusehen. Mitarbeiter sollten befähigt werden, sich kontinuierlich neue Skills anzueignen und sich flexibel auf Veränderungen einzustellen. Auch Stressmanagement-Angebote und eine achtsame Führung können entscheidend zur Resilienz beitragen.

Ein weiterer wichtiger Punkt ist der Abbau von Ängsten und Vorbehalten gegenüber KI. Hier sind transparente Kommunikation, Schulungen und das Aufzeigen von Chancen wichtig. Mitarbeiter sollten KI nicht als Bedrohung sehen, sondern als nützliches Werkzeug, das sie in ihrer Arbeit unterstützt. Eine frühzeitige Einbindung bei der Einführung von KI-Systemen hilft, Akzeptanz zu schaffen.

Resilienz bei Mitarbeitern wird außerdem durch die Verfügbarkeit eines unterstützenden Umfelds gefördert. Ein solches Umfeld ermöglicht es den Mitarbeitern, mehr Kontrolle über die Faktoren zu haben, die ihre Gesundheit und ihr Wohlbefinden beeinflussen. In der Arbeitswelt müssen Unternehmen aktiv werden und ein Umfeld schaffen, das die Resilienz fördert. Dazu gehört das Verständnis für die zehn Faktoren, die Arbeitskräfte heute berühren und beeinflussen: Erwartungen der Mitarbeiter verstehen und handhaben, Entwicklung finanzieller Sicherheit, Integration als Leitmotiv, Schutz der physischen Gesundheit, gesundheitsförderndes Verhalten unterstützen, empathisch vorgehen und die Gemeinschaft einbinden, Verantwortung und Kontrolle teilen, Transparenz und Nutzen sicherstellen, Anpassungsfähigkeit fördern sowie die psychische Gesundheit unterstützen.

Laut einer Studie von AON würden sich nur 30% der Beschäftigten als resilient bezeichnen, obwohl 80% der Arbeitgeber der

Meinung sind, dass Investitionen in das Wohlergehen langfristig vorteilhaft sind. Das deutet darauf hin, dass viele Unternehmen ihre Wellbeing-Strategien noch nicht ausreichend in die Praxis umsetzen. Um resiliente Mitarbeiter zu bekommen, braucht es eine ganzheitliche Herangehensweise, die alle zehn genannten Faktoren berücksichtigt. Neben konkreten Angeboten und Initiativen ist auch die grundsätzliche Haltung der Führungskräfte entscheidend. Sie müssen vorleben, dass Gesundheit und Wohlbefinden im Unternehmen Priorität haben, und entsprechende Rahmenbedingungen schaffen.

Insgesamt spielen die Themen Integrationsfähigkeit und Resilienz in Zeiten von KI und digitalem Wandel eine Schlüsselrolle für den Unternehmenserfolg. Führungskräfte sollten hierfür unbedingt Maßnahmen und Strategien entwickeln. Es geht darum, eine Unternehmenskultur zu schaffen, die Zusammenarbeit, Flexibilität und Weiterentwicklung fördert und gleichzeitig Mitarbeiter stärkt und auffängt. So können Unternehmen die Potenziale neuer Technologien wie KI erfolgreich nutzen.

Der Übergang zu KI-gestützten Arbeitsplätzen erfordert einen ganzheitlichen Ansatz, der technologische, organisatorische und kulturelle Aspekte berücksichtigt. Es geht darum, eine Unternehmenskultur zu schaffen, die Zusammenarbeit, Flexibilität und Weiterentwicklung fördert und gleichzeitig die Mitarbeiter stärkt und auffängt. Durch Investitionen in Integrationsfähigkeit und Resilienz können Unternehmen nicht nur die Herausforderungen des technologischen Wandels meistern, sondern auch die Chancen nutzen, die sich durch KI-Systeme ergeben. Eine resiliente und integrative Belegschaft ist der Schlüssel zu einer erfolgreichen Zukunft im Zeitalter der künstlichen Intelligenz.

Dabei gilt es zu beachten: KI-Systeme sind letztlich Werkzeuge, die von Menschen entwickelt und gesteuert werden. Ihre erfolgreiche Implementierung hängt maßgeblich davon ab, wie gut es Unternehmen gelingt, ihre Mitarbeiter auf diesem Weg mitzunehmen. Integrationsfähigkeit und Resilienz sind die Basis dafür,

5 Integrationsfähigkeit und Resilienz

dass Menschen und Maschinen in Zukunft optimal zusammenarbeiten können. Nur wenn die menschlichen Faktoren berücksichtigt werden, lässt sich das volle Potenzial von KI ausschöpfen und gleichzeitig eine Arbeitswelt gestalten, in der sich Menschen wohlfühlen und entfalten können.

Es ist eine Führungsaufgabe, diese Vision Realität werden zu lassen. Dafür braucht es Weitblick, Empathie und die Bereitschaft, in die Entwicklung der Mitarbeiter zu investieren. Unternehmen, die das erkannt haben und konsequent umsetzen, werden die Gewinner des digitalen Wandels sein. Sie schaffen die Voraussetzungen dafür, dass ihre Organisation auch in stürmischen Zeiten stabil bleibt und sich immer wieder neu erfinden kann. Resilienz und Integrationsfähigkeit werden so zum Fundament für langfristigen Erfolg im Zeitalter der künstlichen Intelligenz.

Es gilt, gemeinsam daran zu arbeiten, diese zukunftsfähigen Organisationen aufzubauen. In einer Welt im Umbruch braucht es Unternehmen, die Stabilität und Sicherheit bieten und gleichzeitig innovativ und anpassungsfähig sind. Unternehmen, in denen menschliche und künstliche Intelligenz Hand in Hand arbeiten zum Wohle aller. Das mag nach einer utopischen Vorstellung klingen, aber es ist machbar – wenn der Mensch in den Mittelpunkt gestellt und seine Bedürfnisse ernst genommen werden. Die Gestaltung einer menschengerechten KI-Arbeitswelt ist eine Aufgabe, der sich Wirtschaft und Gesellschaft stellen müssen. Es ist Zeit zu handeln.

Wichtig ist aber umso mehr eine langfristige Perspektive. Der Aufbau von Integrationsfähigkeit und Resilienz braucht Zeit und kontinuierliche Anstrengung. Punktuelle Einzelmaßnahmen werden nicht ausreichen. Stattdessen ist ein strategischer Ansatz gefragt, der in der DNA des Unternehmens verankert ist. Das erfordert ein Umdenken auf allen Ebenen – vom Topmanagement bis hin zu jedem einzelnen Mitarbeiter. Zudem gilt es, die Maßnahmen zur Förderung von Integrationsfähigkeit und Resilienz regelmäßig auf ihre Wirksamkeit zu überprüfen und anzupassen. Was heute funktioniert, muss morgen nicht mehr optimal sein.

Ein weiterer kritischer Faktor ist die Vorbildfunktion der Führungskräfte. Sie müssen nicht nur die richtigen Entscheidungen treffen, sondern diese auch glaubwürdig vorleben. Nur wenn die Führungsebene die Prinzipien der Resilienz und Integration verinnerlicht und authentisch vertritt, werden die Mitarbeiter folgen. Das erfordert Selbstreflexion, Demut und den Mut, auch eigene Schwächen einzugestehen. Denn Resilienz bedeutet nicht Perfektion, sondern die Fähigkeit, mit Rückschlägen und Unsicherheiten umzugehen. Die Entwicklung hin zu einer resilienten und integrativen Belegschaft ist eine Reise, kein Sprint.

Für Unternehmer, Selbstständige und Führungskräfte, die die Chancen und Risiken von KI souverän einschätzen wollen, ist es unerlässlich, sich mit den Themen Resilienz und Integrationsfähigkeit auseinanderzusetzen. Denn sie entscheiden maßgeblich darüber, ob die Einführung von KI-Systemen zum Erfolg wird – nicht nur wirtschaftlich, sondern auch menschlich. Wer hier investiert, schafft die Grundlage für eine positive digitale Transformation, die niemanden zurücklässt. Gleichzeitig gilt es, die Mitarbeiter auf dieser Reise mitzunehmen und zu befähigen. Dazu gehören transparente Kommunikation, Schulungsangebote und die Schaffung von Experimentierräumen, in denen neue Technologien und Arbeitsweisen erprobt werden können. Nur wenn die Belegschaft die Chancen von KI versteht und für sich nutzen kann, wird sie auch die damit einhergehenden Veränderungen mittragen. Auch die Kooperation mit externen Partnern wie Wissenschaft, Politik und Zivilgesellschaft ist wichtig. Denn die Gestaltung einer resilienten und integrativen KI-Arbeitswelt ist eine gesamtgesellschaftliche Aufgabe, die nicht von einzelnen Unternehmen allein gestemmt werden kann. Es braucht einen breiten Dialog und die Bereitschaft von allen Seiten, voneinander zu lernen und gemeinsam Lösungen zu entwickeln.

Letztlich geht es darum, die Potenziale von KI zu heben und gleichzeitig die Menschen in den Mittelpunkt zu stellen. Denn nur wenn beides zusammenkommt, kann eine wirklich erfolgreiche digitale Transformation gelingen. Ein Wandel, der wirtschaftlichen Fortschritt mit sozialer Verantwortung verbindet. Ein Wandel, der die Stärken von Mensch und Maschine optimal kombiniert. Ein Wandel hin zu resilienten und integrativen Organisationen, die bereit sind für die Zukunft. Integrationsfähigkeit und Resilienz der gesamten Belegschaft und geleitet durch eine klare Strategie sind die Eckpfeiler für eine taktisch erfolgreiche KI-Adaption. Auf dem Spiel steht nichts weniger als unsere Vorstellung davon, wie wir in Zukunft arbeiten und leben wollen. Ein ganzheitlicher Ansatz zur Förderung von Resilienz und Integrationsfähigkeit bei der KI-Einführung beginnt damit, umfassend über die Potenziale und Herausforderungen aufzuklären.

Anhand definierter Kennzahlen und Zielwerte sollten Fortschritte kontinuierlich gemessen und regelmäßig relevante Daten etwa zur Mitarbeiterzufriedenheit, Produktivität oder Innovationskraft erhoben und analysiert werden. Erfolge sollten gefeiert, Herausforderungen offen kommuniziert und bei Bedarf nachgesteuert werden. Unternehmen sollten sich damit auseinandersetzen, wie sich die Rolle der Mitarbeiter durch den Einsatz von KI verändert und welche neuen Fähigkeiten und Kompetenzen erforderlich sind. Nur so können sie sicherstellen, dass die Mitarbeiter optimal auf die Veränderungen vorbereitet sind und die KI-Technologien effektiv nutzen können.

Quintessenz

Die Einführung von KI-Systemen stellt Unternehmen vor die Herausforderung, nicht nur technologisch, sondern auch kulturell und menschlich den Wandel zu gestalten. Zwei Schlüsselfaktoren für den Erfolg sind dabei die Resilienz und Integrationsfähigkeit der Mitarbeiter. Integrationsfähigkeit, also die Fähigkeit sich einzufügen und zusammenzuarbeiten, wird durch Klarheit, Respekt, Entwicklungschancen und Autonomie gefördert. Offene Kommunikation und Feedback sind entscheidend. Resilienz, die Widerstandsfähigkeit gegenüber Stress und Veränderungen, wird gestärkt durch Sinnvermittlung, Autonomie, Stressmanagement und eine positive Fehlerkultur. Auch der Abbau von Ängsten gegenüber KI ist wichtig. Derzeit sind nur 30% der Beschäftigten resilient – ein Alarmsignal für Unternehmen, mehr in die Resilienzfähigkeit zu investieren. Ein ganzheitlicher Ansatz ist gefragt, der zehn Schlüsselfaktoren wie finanzielle Sicherheit, Gesundheitsschutz und geteilte Verantwortung berücksichtigt.

Für Unternehmer, Führungskräfte und Selbstständige gilt es, dieses Wissen in die eigene Organisation zu tragen und in konkrete Maßnahmen umzusetzen. Die Integration von KI in die Arbeitswelt erfordert einen langfristigen kulturellen Wandel im Unternehmen. Resilienz und Integrationsfähigkeit lassen sich nicht von heute auf morgen aufbauen, sondern erfordern Zeit und kontinuierliche Anstrengungen. Unternehmen müssen bereit sein, alte Denkmuster und Arbeitsweisen zu hinterfragen und neue Ansätze zu etablieren.

6 Die ethische und rechtliche Debatte

In der Entwicklung und Implementierung von KI-Systemen sind ethische Überlegungen unerlässlich, um Vertrauen und Akzeptanz bei den Nutzern zu schaffen. Ethik in der KI umfasst Aspekte wie Fairness, Transparenz und Verantwortlichkeit. Ein ethischer Ansatz stellt sicher, dass Technologien nicht nur effizient, sondern auch gerecht und nachvollziehbar arbeiten. Ein Grundproblem: KI-Systeme sind nur so neutral wie die Daten, mit denen sie trainiert werden. Verzerrungen in den Trainingsdaten oder Trainingsmethoden können zu Diskriminierungen führen, die bestimmte Personengruppen benachteiligen. Um solche Bias zu identifizieren und zu korrigieren, sollten die Entwickler fortgeschrittene Analysemethoden einsetzen und die Trainingsdaten sorgfältig auswählen. Aber auch die anwendenden Unternehmen müssen sensibilisiert sein.

In der Praxis der letzten zwei, drei Jahre häuften sich beispielsweise die Berichte von Problemen mit Bewerbersystemen, von generierten Bildern und Videos, die aufgrund ihrer Trainingsdaten nicht die Diversität der Gesellschaft widerspiegeln, und von generierten Texten zu geschichtlichen und politischen Themen, die ebenfalls als einseitig und tendenziös bezeichnet werden können. Die Entwickler der Sprachmodelle haben versucht gegenzusteuern und damit häufig ebenfalls für einen Bias gesorgt, eine Benachteiligung in umgekehrter Richtung. Die KI handelt hier im blinden Vertrauen auf ihre Trainingsdaten und ohne Bewusstsein oder böse Absicht. Auf Seiten der Anbieter und ihrer Sprachmodelle dürften die Probleme ebenfalls vorrangig der Notwendigkeit geschuldet sein, große Datenmengen für das maschinelle Lernen zu akquirieren und zu klassifizieren. Mittlerweile haben die meisten Anbieter für mehr Transparenz zu den Quellen ihrer Trainingsdaten gesorgt, das strukturelle Ungleichgewicht vergleichsweise einfach und kostengünstig verfügbarer Daten aus Industrieländern gegenüber

Quellen aus dem sogenannten Globalen Süden ist damit noch nicht behoben. Aber auch das beliebte Outsourcen der teuren Trainings-Arbeiten und der vorherigen Klassifizierung der Trainingsdaten führen bei mangelhafter Qualitätssicherung regelmäßig zu Problemen.

KI-Systeme beeinflussen das Leben von Menschen direkt und indirekt. Fehlentscheidungen oder Verzerrungen in KI-Systemen können zu ungerechten Behandlungen führen, Diskriminierung verstärken oder Datenschutzverletzungen verursachen und in die Bürgerrechte eingreifen. Diskutiert wird nicht nur die Rolle der KI im Bewerbermanagement und der Vorselektierung von Kandidaten oder bei Kreditentscheidungen. Perspektivisch geht es um Entscheidungen in Bereichen wie dem Gesundheitswesen, der Rechtsprechung oder Bildung. Auch im Sicherheitssektor gibt es sowohl berechtigte Interessen wie auch große Bedenken rund um die Themen Gesichtserkennung und Profilbildung. Unstrittig sind sicherlich die ethischen Argumente gegen autonom agierende, KI-gestützte Waffensysteme. Eine der Hauptfragen ist, wie man ethische Prinzipien in technische Systeme übersetzen kann, die von Natur aus neutral und datengetrieben sind. Außerdem variiert die Interpretation ethischer Prinzipien je nach kulturellem, sozialem und rechtlichem Kontext, was die Entwicklung universell ethischer KI-Systeme erschwert.

Neben den Entwicklern und Anwendern von KI spielt auch die Gesellschaft eine entscheidende Rolle. Eine breite gesellschaftliche Debatte über die ethischen Aspekte der KI ist notwendig, um ein Bewusstsein für die Risiken zu schaffen und einen Konsens über ethische Normen zu entwickeln. Bildungseinrichtungen, Medien und zivilgesellschaftliche Organisationen müssen in diesen Diskurs eingebunden werden, um eine kritische Öffentlichkeit zu fördern, die KI-Entwicklungen kritisch hinterfragt und beeinflusst. Dies gilt im übertragenen Sinne auch für die interne Kommunikation im Unternehmen. Die Partizipation Ihrer Mitarbeiter ist entscheidend bei der Entwicklung einer tragfähigen

6 Die ethische und rechtliche Debatte

KI-Policy. Dazu mehr in einem eigenen Kapitel im zweiten Teil dieses Buches.

Auch Compliance-Fragen und eine rechtliche Debatte sind für Sie als Unternehmerin oder Unternehmer relevant. Dies bezieht sich auf die Einhaltung von Gesetzen, Richtlinien und Standards, die für die Entwicklung und Nutzung von KI-Systemen gelten. Diese Regelungen können von Datenschutzgesetzen über Urheberrechte bis hin zu spezifischen Branchenvorschriften reichen. Die durch KI generierten Inhalte und Erfindungen werfen Fragen nach dem Urheberrecht und dem geistigen Eigentum auf. Wer besitzt die Rechte an einer von KI geschaffenen Musikkomposition oder einem generierten Bild? Und wurden beim maschinellen Lernen die Urheberrechte beachtet?

Die erste Frage ist derzeit noch einfach zu beantworten: In aller Regel führen rein KI-generierte Werke nicht zu einem urheberrechtlichen Anspruch. Zur ausreichenden Schöpfungshöhe gehört eine menschliche »Handschrift« und Weiterverarbeitung. Maschinen sind noch keine Urheber. Dies spricht aber keinesfalls gegen den Einsatz von KI-Werkzeugen als Hilfsmittel bei der Schöpfung von urheberrechtlichen relevanten Inhalten und Werken. Umgekehrt sind viele Juristen überzeugt davon, dass schon beim Training der Sprachmodelle – zumindest lange Zeit – massiv gegen Urheberrechte verstoßen worden ist.

Die New York Times Company, das Unternehmen hinter der traditionsreichen Zeitung *The Times*, hat beispielsweise Ende 2023 eine Klage am Bezirksgericht Südliches New York eingereicht. Beklagte sind die Microsoft Corporation sowie acht Unternehmen von Open AI, dem Betreiber von ChatGPT. Gegenstand der Klage sind vermeintliche Urheberrechtsverletzungen seitens OpenAI und Microsoft zu Lasten der Klägerin *New York Times*. Es geht im Kern um die unbefugte und unlizenzierte Nutzung urheberrechtlich geschützter Inhalte beim Trainieren der Sprachmodelle von OpenAI. Je nach Prozessausgang droht eine Löschung der Sprachmodelle und Trainingsdaten sowie eine gigantische Strafzahlung in Milliardenhöhe. Nur allein im Fall der Klägerin *New York Times*. Ein Vergleich ist daher sehr wahrscheinlich. Und vergleichbare Klagen sind viele anhängig, auch von Künstlern, Fotografen und Autoren.

Die Dimension hinter der erwähnten Klage, die symptomatisch für den seit Längerem schwelenden Urheberrechtsstreit rund um die Generative Künstliche Intelligenz steht, ist durchaus gewaltig. Und so erklärt sich auch die hektische Betriebsamkeit der Lobbyisten, denen es gelungen ist, immer mehr Politiker zu aktivieren, die das Urheberrecht in teils sehr verwegenen Einlassungen als veraltet gebrandmarkt haben, als Innovationsbremse und als Standortnachteil. Allen Beteiligten ist klar, dass hier ein Handlungsbedarf besteht, denn allzu leichtfertig scheinen sich die KI-Entwickler - zumindest zeitweise – an geschützten Inhalten bedient zu haben. Die *New York Times* alleine beklagt und behauptet, dass Millionen ihrer Artikel durch den Chatbot und bei dessen Training verwendet wurden und werden. Sie fordert Unterlassung, Löschung und Entschädigung.

Unternehmen, die Lösungen der Generativen KI nutzen, sollten sich der Problematik bewusst sein. Nur mit einer guten Dokumentation, dass die Künstliche Intelligenz jeweils lediglich ein Werkzeug Ihrer Mitarbeiter war, begründen Sie für Content und andere schützenswerte Inhalte ein gewohntes Urheberrecht. Und nur über eine gute Dokumentation der eingesetzten KI-Sprachmodelle und ihrer verwendeten Quell-Daten schützen Sie sich im Zweifelsfall vor eventuellen urheberrechtlichen Klagen. Denn Sie nutzen vielleicht unbewusst eine Generative KI, deren Trainingsdaten ohne Wissen der jeweiligen Urheber verwendet worden sind. Und Sie veröffentlichen den mit der KI erzeugten Content. Auch was die eingangs erwähnten Probleme mit dem Bias und eventuellen Diskriminierungen durch die eingesetzte KI angeht, sowie bei unberechtigter Nutzung persönlicher Daten, stehen Sie als Unternehmen potenziell in der Haftung. Ein automatisierter KI-Betrieb ohne menschliches Monitoring und Qualitätssicherung ist daher keine gute Idee – sofern Rechte von Kunden, Mitarbeitern oder

Geschäftspartnern tangiert sein können. Die von Ihnen eingesetzte KI handelt stets in Ihrem Namen und unter Ihrer Verantwortung. Dies gilt weitgehend auch dann, wenn Ihre Mitarbeiterinnen und Mitarbeiter am Arbeitsplatz ohne Ihr Wissen Künstliche Intelligenz einsetzen.

Wichtig ist aber auch für alle Kreativen und Dienstleister, für Fotografen, Autoren und Marketingagenturen, dass sie für ihr Honorar nicht nur eine eigenständige Leistung, sondern auch die Übertragung von bestimmten Nutzungsrechten an den Auftraggeber schulden. Und auftraggebende Unternehmen wiederum sollten sich dies ausdrücklich vertraglich zusichern lassen. Die KI zieht schrittweise in alle Vertragsverhältnisse ein. Ein weiterer Aspekt der rechtlichen Debatte dreht sich um die Verträglichkeit der KI-Nutzung mit dem geltenden europäischen Datenschutzrecht. Das liegt vor allem an den Szenarien, in denen Kunden- und Unternehmensdaten zur Weiterverarbeitung durch die KI auf Cloud-Server von Anbietern wie OpenAI übertragen werden. Selbst bei berechtigtem Interesse und einem erklärten Einverständnis der Kunden zur Datenverarbeitung kann dies problematisch werden. Denn oft ist unklar, wie die Chatbot-Anbieter mit den Eingabeaufforderungen und den hochgeladenen Daten der Nutzer umgehen.

Verständlicherweise haben die Entwickler ein großes Interesse daran, ihre Sprachmodelle mit den Interaktionen ihrer Nutzer zu optimieren. Aber selbst eine anonymisierte Analyse kann gegen das Datenschutzrecht verstoßen. Große Unternehmen versuchen daher verstärkt, die KI über die Lizenzierung von Sprachmodellen oder spezielle Verträge in ihre eigene Private Cloud und ihr selbstbestimmtes IT-Regelwerk zu bringen. Kleine Unternehmen oder Freiberufler haben diese Möglichkeit noch kaum. Hier sind verstärkt die Anbieter von den etablierten Branchenlösungen gefragt, die KI-Funktionalitäten so zu integrieren, dass die Business-Anwender datenschutzrechtlich auf der sicheren Seite sind.

Für Unternehmer besonders relevante Aspekte in der ethischen Debatte sind realistische Stellschrauben, um eine problembehaftete Nutzung der Künstlichen Intelligenz zu verhindern. Dazu gehört eine Strategie zur Überwindung des Bias-Problems. Das Vorgehen sollte in den Richtlinien für technische und organisatorische Maßnahmen verankert werden: Um sicherzustellen, dass KI-Systeme fair und unvoreingenommen sind, ist es entscheidend, mit vielfältigen und umfassenden Datensätzen zu arbeiten, die alle relevanten Bevölkerungsgruppen einschließen. Regelmäßige Überprüfungen der KI-Modelle auf Verzerrungen und Ungerechtigkeiten sind essenziell. Spezialisierte Tools und Methoden können dabei helfen, Verzerrungen zu identifizieren und zu quantifizieren. Die Entwicklung von Algorithmen, die ihre Entscheidungen nachvollziehbar und überprüfbar machen, erhöht die Transparenz signifikant und ermöglicht es, potenzielle Fehlerquellen leichter zu identifizieren. Auch die Einbeziehung von Experten aus verschiedenen Bereichen, einschließlich Ethik, Sozialwissenschaften und Recht, kann dazu beitragen, ein breiteres Verständnis von Fairness zu entwickeln und in die KI-Strategie Ihres Unternehmens einzubinden. Und die Schaffung von Unternehmens-Standards und Richtlinien für die ethische Entwicklung und Nutzung von KI ist entscheidend, um sicherzustellen, dass Technologien dem Wohl aller betroffenen Stakeholder dienen.

Ein besonders polarisierendes und ethisch bedeutendes Thema sind die Einflüsse der Künstlichen Intelligenz auf die Arbeitswelt. Während Sie als Unternehmer die KI optimistisch als Motor für Innovation und Effizienzsteigerung sehen, hören Ihre Mitarbeiterinnen und Mitarbeiter auch warnende Stimmen. Insbesondere im Hinblick auf mögliche Jobverluste, Arbeitsplatzsicherheit und die Veränderung der Arbeitsqualität. Studien prognostizieren, dass Millionen von Arbeitsplätzen durch KI und Automatisierung transformiert oder ersetzt werden könnten. Ein zentraler Aspekt in der Debatte ist die entstehende Qualifikationslücke. KI erfordert neue Fähigkeiten, die viele derzeitige Arbeitskräfte nicht besitzen. Die Weiterbildung und Umschulung vorhandener

Mitarbeiter wird daher entscheidend sein, um diese Lücke zu schließen. Hier investieren Unternehmen nicht nur in ihre Mitarbeiter sondern auch in die eigene Zukunft. Dies kann auch zu einem wertvollen Argument im Employer Marketing und dem Kampf um neue Talente werden.

Ebenso gilt das für die als ethisch vorbildlich wahrgenommene und KI-Unternehmenskultur, gelebt durch die Geschäftsführung und das Management: Führungskräfte sollten sicherstellen, dass die Funktionsweisen von KI-Systemen nachvollziehbar und überprüfbar sind, um Vertrauen aufzubauen und Verantwortlichkeit zu gewährleisten. Neben dieser Transparenz ist auch das spürbare Bemühen um Fairness wichtig. Dies beinhaltet die sorgfältige Auswahl und Aufbereitung der KI-Tools und die regelmäßige Überprüfung der Algorithmen auf unbewusste Bias. Sie und Ihr Führungsteam sollten sich kontinuierlich über die ethischen, rechtlichen und sozialen Implikationen der KI fortbilden und dieses Wissen aktiv in Ihre Organisationen tragen. Der regelmäßige Dialog und die Einbeziehung Ihrer Mitarbeiter ist ebenso wichtig wie der Austausch mit Kunden und Geschäftspartnern. Sowohl die interne Kommunikation wie eine Öffentlichkeitsarbeit können helfen, unterschiedliche Perspektiven und Bedenken rechtzeitig zu verstehen und zu adressieren. Im Zusammenhang mit der Entwicklung und Einführung einer KI-Policy im Unternehmen sind die kommunikative Begleitung und partizipatorische Elemente wichtig. So könnten Sie ein KI-Ethikkomitee einrichten oder ethische Überprüfungsprozesse implementieren, die alle neuen KI-Initiativen evaluieren.

Und betonen Sie auch die positiven Aspekte in Veränderungsprozessen! KI verändert dramatisch die Art und Weise, wie wir arbeiten. Mitarbeiter fühlen eine zunehmende Erwartung am Arbeitsplatz und damit verbunden wird häufiger ein erhöhter Stress beklagt. Nicht nur durch die sogenannte Generation Z. Gleichzeitig ermöglichen KI-gestützte Tools und Systeme eine deutlich flexiblere Arbeitsgestaltung, was zu einer besseren Work-Life-Balance führen sollte.

Quintessenz

Ethik in der KI betrifft vor allem Fairness, Transparenz und Verantwortlichkeit. KI-Systeme sind nur so neutral wie die Daten, mit denen sie trainiert werden. Verzerrungen in den Trainingsdaten können zu Diskriminierungen führen, was die Notwendigkeit einer sorgfältigen Auswahl und Analyse dieser Daten unterstreicht. Unternehmen sollten durch den Aufbau einer transparenten und ethisch orientierten KI-Strategie das Vertrauen ihrer Nutzer und Mitarbeiter stärken. Dies schließt die Implementierung von Richtlinien für den ethischen Umgang mit KI, die regelmäßige Überprüfung von Algorithmen auf Verzerrungen und die Beteiligung aller Stakeholder an ethischen Diskursen mit ein. Besonders die Rolle der Unternehmensführung in der Förderung einer ethischen KI-Kultur ist deutlich hervorzuheben.

Die rechtliche Perspektive der unternehmerischen KI-Nutzung umfasst insbesondere das Urheberrecht und den Datenschutz. Die aktuellen Rechtsstreitigkeiten um Urheberrechtsverletzungen durch KI zeigen die Notwendigkeit für belastbare gesetzliche Rahmenbedingungen. Dies wird ein wesentlicher Faktor für die zukunftsfähige, rechtssichere Nutzung von KI-Technologien. Als Unternehmer oder Führungskraft sollten Sie eine proaktive Rolle in der Ausgestaltung der ethischen und rechtlichen Landschaft Ihrer KI-Strategie übernehmen. Agieren Sie in der Transformation innovativ und verantwortungsbewusst. Ethische Messlatte ist immer noch der Ansatz »Human in the Loop«, der die Künstliche Intelligenz als Werkzeug des Menschen betrachtet.

7 Grundlagen der unternehmensrelevanten Regulierung

Im März 2024 billigte das EU-Parlament den Gesetzentwurf zum »European AI Act«, der weltweit ersten umfassenden Regulierungs-Initiative für die Künstliche Intelligenz. Nach einer formellen Billigung durch den Rat und der Veröffentlichung im europäischen Amtsblatt tritt das Gesetz in Kraft. Es gibt jedoch abgestufte Fristen, bis alle Regeln anwendbar sind. Obwohl sich die Einführung der Regulierung über zwei Jahre verteilt, sind Sie als Unternehmerin oder Unternehmer gut beraten, sich so früh wie möglich mit den Regelungen der KI-Verordnung zu befassen. In diesem Kapitel wollen wir Ihren Blick für die unternehmensrelevante Regulierung schärfen, denn der AI Act betrifft nicht nur die Entwickler von KI-Systemen. Trotz mehrjähriger Verhandlungen zur Verordnung und eines am Ende erfolgreichen Trilog-Verfahrens zwischen Kommission, Rat und Parlament, ist die Verunsicherung unter Entscheidern in den Unternehmen groß und wir werden - vermutlich noch deutlich stärker als bei der Europäischen Datenschutzgrundverordnung – rege Marketingmaßnahmen der Anwaltskanzleien sehen. Eine Rechtsberatung macht in jedem Fall Sinn.

Das Gesetz unterscheidet verschiedene Subjekte. Sie sind als Unternehmen Anbieter, wenn Sie ein KI-System entwickeln oder entwickeln lassen, um es im eigenen Namen in Verkehr zu bringen oder in Betrieb zu nehmen. Wesentlich wahrscheinlicher sind Sie jedoch Betreiber – im Sinne der Verordnung – und verwenden ein KI-System in eigener Verantwortung zu beruflichen oder geschäftlichen Zwecken. Dies könnte auch dann gelten, wenn Ihre Mitarbeiterinnen und Mitarbeiter KI-Werkzeuge am Arbeitsplatz zur Erfüllung ihrer betrieblichen Aufgaben und der Geschäftszwecke nutzen. Dazwischen gibt es in der Kette noch Einführer und Händler. Beim Aufbau Ihrer KI-basierten Prozesse sollten Sie daher jeweils hinterfragen, ob sich damit Ihre

Rolle als reguliertes Subjekt ändert. Ein kommerzieller Ansatz, im Sinne von Gewinnerzielungsabsicht, ist übrigens kein Abgrenzungskriterium. Lediglich die rein persönliche, nicht-berufliche Nutzung, zum Beispiel im häuslichen Umfeld, bleibt weitgehend unreguliert. Umgekehrt wird der AI Act aber auch Auswirkungen auf Verbraucherrechte haben, und das kann für Unternehmen ebenfalls eine Relevanz bekommen.

Die Europäische Union orientiert sich mit ihrem AI Act an einem risikobasierten Ansatz. Gebote und Verbote werden mit unterschiedlichen Risikostufen für Gesundheit, Sicherheit und Grundrechte der Bürger begründet. Die Risikoklassen umfassen niedriges, begrenztes, hohes und unannehmbares Risiko. Sie beziehen sich jeweils auf europäische Werte und Grundrechte. Sobald eine KI-Lösung ein potenziell inakzeptables Risiko darstellt, ist sie unzulässig. Bei den niedrigeren Risikoklassen hängen die rechtlichen Anforderungen und der Grad der Regulierung vom potenziellen Risiko für die Bürger ab. Der risikobasierte Ansatz wird in Zukunft Anpassungen und Neubewertungen von KI-Anwendungsszenarien erleichtern. Das Gesetz zielt auf den europäischen Markt und die Nutzung von KI-generierten Inhalten innerhalb der EU. Damit betrifft die Regulierung weltweit Unternehmen, die in Europa tätig sind oder Lösungen im europäischen Markt in Verkehr bringen. Es spielt – einer ex-territorialen Anwendbarkeit folgend - erst einmal keine Rolle, wo der Server steht oder wo das Unternehmen seinen Sitz hat. Das kann für Sie relevant sein, wenn Sie einen outgesourcten Betrieb Ihrer KI-Infrastruktur planen.

Zu den aufgrund eines unannehmbaren Risikos verbotenen KI-Anwendungen gehört die Analyse von Emotionen am Arbeitsplatz und das Social Scoring sowie kognitive Verhaltensmanipulation. Lange verhandelt wurde über Gesichtserkennungssysteme, und insbesondere die biometrische Echtzeiterkennung im öffentlichen Raum ist nun in vielen Fällen unzulässig. Auch für die Sicherheitsbehörden gibt es wenige Ausnahmen. Hier ist ein Interessenskonflikt absehbar und entsprechende Öffnungsklauseln oder Nachbesserungen.

7 Grundlagen der unternehmensrelevanten Regulierung

Das Abheben auf Echtzeit-Gesichtserkennung und den öffentlichen Raum bedeutet aber umgekehrt kein Freibrief für Unternehmen. Der AI Act ist hier eng verknüpft mit dem Datenschutz und ohnehin geltenden Persönlichkeitsrechten zu betrachten. Eine KI-gestützte Überwachung und Analyse Ihrer Mitarbeiterinnen und Mitarbeiter ist in aller Regel unzulässig.

Spannend und relevant für Unternehmen ist, dass doch einige Anwendungsbereiche für Künstliche Intelligenz aus dem Bereich der Personalabteilungen zu KI-Systemen mit hohem Risiko und damit stärkerer Regulierung gezählt werden. Dabei geht es um die vieldiskutierte Vorsichtung und Filterung von Bewerbungen, um Leistungs-Bewertungen von Mitarbeitern und Verhaltens-Dokumentationen, um Aufgabenzuweisungen und Kündigungen. Es muss in jedem Fall sichergestellt werden, dass die Künstliche Intelligenz hier nicht in Bürgerrechte wie den Gleichbehandlungsgrundsatz eingreift. Auch Bildungseinrichtungen sollten KI-gestützte Prozesse zur Zulassung von Schülern oder Studenten und deren Bewertung immer kritisch hinterfragen. Dies gilt auch für die berufliche Fortbildung. Die Gesetzesmacher konnten hier bei ihrer Debatte auf einen reichen Fundus an längst etablierten, internationalen Negativ-Beispielen zurückgreifen. Aber auch in Europa ist es ein schmaler Grad zwischen Nutzen und Grundrechtseingriffen.

Weitere KI-Lösungen mit hohem Risiko betreffen die Kreditwürdigkeitsprüfung, Sicherheitskomponenten für die Kritische Infrastruktur, aber auch Komponenten für zum Beispiel medizinische Geräte. Da die Regulierung aber primär das Risiko minimieren, die KI jedoch nicht verbieten will, gibt es Ausnahmen und Möglichkeiten für präventive Konformitätsbewertungen. Ein wichtiges Kriterium ist dabei die Dokumentation der Verfahrensaufgabe für die KI und die Fragestellung, ob die KI lediglich menschliche Tätigkeiten verbessern hilft. KI-Lösungen mit hohem Risiko sind zudem so zu entwickeln und einzusetzen, dass diese nicht nur während ihres Einsatzes von Ihren Mitarbeitern überwacht werden können, sondern auch hinreichend transparent arbeiten und alle Vorgänge und Ereignisse protokollieren. Eine solche Überwachung, Sorgfalt beim Umgang mit den Eingabedaten und eine Aufbewahrung der Protokolle obliegt den Betreibern, also in vielen Fällen Ihrem Unternehmen.

In der Praxis können im Zusammenspiel der Hersteller und der Betreiber, bei einer sauberen Verfahrens-Dokumentation, einem menschlichen Supervisor und einem transparenten Einsatz der KI, auch prinzipiell hoch risikobehaftete Lösungen legal eingesetzt werden. Es lohnt sich daher, einen genauen Blick auf den Anbieter zu werfen und die Konformität im dedizierten Einzelfall kritisch zu hinterfragen. Im Sinne des AI Act obliegt sowohl dem Anbieter wie auch dem Betreiber die Pflicht, geeignete Maßnahmen zu ergreifen, um sicherzustellen, dass ihr Personal über ein ausreichendes Maß an KI-Kompetenz verfügt. Es gibt auch Ausnahmen für Kleinstunternehmen, dennoch sollte dies ein weiterer Impuls für Unternehmer sein, in das KI-Know-how seiner Mitarbeiterinnen und Mitarbeiter zu investieren. Den Mitgliedsstaaten der EU, also auch Deutschland oder Österreich, wird zudem auferlegt, nationale Aufsichtsbehörden zu ernennen, und die Europäische Kommission hat bereits begonnen, ein Amt für Künstliche Intelligenz einzurichten. Dies wird alles schnell vorangehen, denn einige Bestimmungen des AI Act treten sofort oder bereits nach sechs oder zwölf Monaten in Kraft. Zudem hat die Erfahrung mit dem Internet und der Digitalisierung gezeigt, wie wichtig klare Zuständigkeiten sind.

Im Trilog-Verfahren hat sich gezeigt, dass die Politik die Generative KI und vor allem General AI deutlich kritischer sieht als hochspezialisierte Narrow-AI-Lösungen. Deshalb wurden auch bei Systemen mit der Einstufung als begrenztes Risiko umfassende Transparenzpflichten festgelegt. Diese Aufgabe betrifft wiederum sowohl den Hersteller wie auch Sie als Betreiber. Selbst wenn der Einsatz von biometrischen Systemen oder zur Emotionserkennung unter Auflagen konform sein kann, müssen Sie alle betroffenen Personen, seien es Mitarbeiter, Besucher oder Kunden, transparent und hinreichend darüber informieren. Es muss für Menschen auch offensichtlich und zweifelsfrei erkenntlich sein, dass sie zum Beispiel mit einem KI-Chatbot interagieren. Auch bei Deepfakes muss transparent offengelegt werden, dass diese Inhalte mittels Künstlicher Intelligenz generiert oder manipuliert worden sind. Hier werden Sie als Unternehmen künftig eher offensiv kommunizieren und dürfen nicht zu viel Medienkompetenz und Spürsinn für künstliche Inhalte unterstellen.

Spannend wird es zudem im Hinblick auf die beliebten Kreativlösungen der Generativen KI zum Erzeugen von Texten, Bildern, Videos oder synthetischen Stimmen. Hersteller wie OpenAI sollen künftig mit einem geeigneten, maschinenlesbaren Verfahren die erzeugten KI-Inhalte markieren. Je nach Art und Format des Inhalts und je nach Veröffentlichungskanal stellt sich natürlich die Frage, wie der Betrachter, Leser oder Hörer die Markierung erkennen oder überprüfen kann. Wünschenswert wäre sicher eine Lösung, die wie beim SSL-Zertifikat funktioniert. Die Umsetzung dieser Transparenz- und Markierungspflichten wird aber derzeit nicht vorgegeben und einheitliche Initiativen der Hersteller sind noch nicht in Sicht. Dies bedeutet umgekehrt, dass Sie als Unternehmen proaktiv selbst jedes KI-Bild, jedes künstlich generierte Video und auch Texte, die vollautomatisch von der Künstlichen Intelligenz erzeugt worden sind, auf Ihren Webseiten und anderen Veröffentlichungskanälen markieren sollten.

Eine Entwarnung gibt es aber: Nur weil Software- oder Hardwarehersteller heutzutage sehr inflationär mit dem Label »powered by AI« umgehen, heißt das nicht, dass dies auch KI-Systeme im Regulierungssinne des Gesetzgebers sind. Die Transparenz- und Kennzeichnungspflichten gelten nicht, wenn es sich bei der KI nur um eine unterstützende Funktion für eine Standardbearbeitung handelt oder Ihre Eingabedaten und deren Semantik unwesentlich verändert werden. Einzelne Funktionen in Bildverarbeitungsprogrammen wie Adobe Photoshop, eine

Rechtschreib- oder Sprachstilkorrektur in einer Textverarbeitung oder unterstützende Fotofunktionen Ihres Smartphones sind meist unkritisch.

Die Vorreiterrolle Europas bei der KI-Regulierung kann sich noch als sehr wertvoll erweisen, denn dieser Prozess wurde weltweit sehr aufmerksam verfolgt. Auch bei der Künstlichen Intelligenz dominieren in der Vermarktung US-amerikanische Anbieter. China wiederum ist Pionier in der Implementierung von KI-Lösungen in allen Bereichen des gesellschaftlichen Lebens. Die Vorstellungen über rechtliche Rahmenbedingungen für die Technologienutzung könnten nicht unterschiedlicher sein. Während die EU zum Beispiel mit ihrem AI Act anstrebt, ein Gleichgewicht zwischen Innovation und Verbraucherschutz zu schaffen, verfolgen die USA traditionell einen deutlich marktorientierteren Ansatz. Und in China sind es vor allem der Staat und die Behörden, die das Thema treiben und sich nicht von Rechten und Sorgen der Bürger ausbremsen lassen. Selbst wenn auch der Europäische AI Act keine Antwort auf alle Herausforderungen ist und sicher mit der Zeit auch nachjustiert wird, so bringt er Bürgern, Unternehmen und Institutionen doch erst einmal eine Rechtssicherheit. Aufgrund der Größe und Bedeutung des Gemeinschaftsmarktes sollte der AI Act dazu führen, dass alle kommerziellen Anbieter an Konformitätslösungen arbeiten und wir eben nicht die befürchteten Nachteile für Innovationen aus Deutschland und Europa sehen werden. Auch für das Feld der Medizin, die einen hohen Nutzen aus der Künstlichen Intelligenz ziehen wird, sind die strengeren Anforderungen aus Europa hinsichtlich Transparenz, Genauigkeit und Sicherheit sicherlich wertvoll.

International beobachten wir bislang keine vergleichbare, umfassende Regulierung, sondern sektorenspezifische Ansätze. In den USA haben zum Beispiel einzelne Behörden wie die Federal Trade Commission und die Food and Drug Administration erste Richtlinien für den Einsatz von KI in ihren jeweiligen Bereichen erlassen. Die chinesische Regierung wiederum unterstützt KI-Entwicklungen durch massive Investitionen und verfolgt das

Ziel, bis 2030 weltweit führend in der Künstlichen Intelligenz zu sein. Die unterschiedlichen Ansätze zur KI-Regulierung weltweit stellen zweifelsfrei eine Herausforderung für internationale Kooperationen dar. Multinationale Unternehmen, die in verschiedenen Rechtssystemen operieren, müssen navigieren durch ein Labyrinth von Vorschriften, was die Entwicklung und den Einsatz von KI-Technologien erheblich verkomplizieren kann. Darüber hinaus gibt es einen wachsenden Bedarf an globalen Standards, die nicht nur die technologische Entwicklung fördern, sondern auch ethische Grundwerte schützen. Die Harmonisierung dieser Regulierungen bleibt eine der größten Herausforderungen für die nähere Zukunft der KI.

Für eine effektive und ethische Nutzung der KI-Technologie ist es entscheidend, dass Länder zusammenarbeiten, um gemeinsame Standards zu entwickeln, die Innovation fördern und gleichzeitig die Sicherheit und die Rechte der Menschen weltweit schützen. Dass Europa hier einen umfassenden, ersten Schritt geht, kommt zumindest mittelfristig Ihnen als Unternehmer zugute. Denn Sie sind zwar jetzt gezwungen, sich nicht nur strategisch, sondern auch rechtlich mit der Künstlichen Intelligenz zu beschäftigen, aber Sie erlangen damit frühzeitig ein gutes Grundgerüst, um künftige, auch globale, Anforderungen zu erfüllen.

Derzeit gilt: KI-Technologien entwickeln sich rasant schneller als die zugehörigen regulatorischen Rahmenbedingungen. Dies führt zu einer Lücke zwischen dem, was technologisch möglich ist, und dem, was rechtlich erlaubt ist. Unternehmen, die langfristig planen wollen, profitieren von Rechtssicherheit. Für die nächsten Jahre gilt es aber, die sich schnell ändernden Vorschriften kontinuierlich zu überwachen und darauf zu reagieren. Frühzeitig – auch ohne Rechtspflicht – auf Transparenz bei der KI-Nutzung zu setzen, wird mit Vertrauen auf Kunden- und Partnerseite belohnt werden. Für Entscheidungen, die durch die KI getroffen werden, kann die Verantwortung nicht an den Algorithmus durchgereicht werden.

Quintessenz

Der »European AI Act« unterscheidet zwischen Anbietern und Betreibern von KI-Systemen und legt für jede Gruppe spezifische Verpflichtungen fest. Es ist wichtig, dass Unternehmen, unabhängig von ihrer direkten Rolle, die neuen Vorschriften verstehen und umsetzen. Der AI Act implementiert einen risikobasierten Ansatz, der KI-Anwendungen in verschiedene Risikoklassen einteilt. Anwendungen, die ein inakzeptables Risiko darstellen, wie etwa emotionale Überwachung am Arbeitsplatz, sind kategorisch verboten. Anwendungen, die als hochriskant eingestuft werden, unterliegen einer strengen Regulierung, die Transparenz und Datenschutzbelange einschließt. Dies gilt auch für den Einsatz von KI in HR-Prozessen und im Finanzsektor.

Für Unternehmen ist es wichtig, frühzeitig in die Schulung ihrer Mitarbeiter zu investieren, um das erforderliche KI-Know-how sicherzustellen. Das Gesetz verlangt auch, dass alle risikoreichen KI-Systeme transparent arbeiten und während ihres Einsatzes überwacht werden können. Die Umsetzung einer maschinenlesbaren Kennzeichnungspflicht für Texte, Bilder, Videos, Musik oder synthetische Stimmen, die mit Hilfe von generativer KI erzeugt wurden, obliegt zunächst den Anbietern. Die Unternehmen, meist in der Betreiberrolle, sollten hier aber eigene Transparenzregeln in ihren Prozessen und einer eigenen KI-Policy verankern. Dies schafft nicht nur Rechtssicherheit, sondern fördert auch das Vertrauen der Nutzer und Stakeholder.

»Unsere KI macht Menschenleben
länger, gesünder und leichter!«

Jürgen Schmidhuber
Director AI Initiative, KAUST

IMPULS-VORWORT ZUM TEIL 2

Emergenz von menschinduzierter Intelligenz
von Dr. Joachim Schwerin

Kaum ein Thema weist eine derartige Diskrepanz zwischen Hype und exzessiver Erwartungsbildung einerseits sowie tatsächlichem Nutzen und realistischer Einbettung in Betriebsabläufe andererseits auf wie die Künstliche Intelligenz. Das beginnt beim Begriff, denn häufig wird KI als Technologie angesehen. Dies ist unzutreffend: KI ist ein Teilgebiet der Informatik, das sich mit programmierter Mustererkennung und damit der Automatisierung von Lernen befasst. KI selbst ist somit eine codebasierte Eigenschaft von Systemen und somit eine Funktionalität, die man als Emergenz von menschinduzierter, aber nicht mehr menschlicher Intelligenz beschreiben kann. Dies ist vom Prinzip her, gerade wenn man auf jahrhundertalte Diskurse über Mensch-Maschine-Interaktionen rekurriert, ein alter Hut in bestenfalls neuem Design.

Diese Begriffsklärung ist von der Managementperspektive aus gesehen bedeutsam, weil sie KI mindestens so sehr als sozialen Prozess erfasst wie als pures Technologie-Finetuning oder das Programmieren und Implementieren von Software an sich. Die Nutzung von KI im Unternehmen setzt somit eine Analyse voraus, die zugleich breit angelegt und hinsichtlich der einzelnen Dimensionen so fundiert ist, dass Grundsatzentscheidungen möglich werden. Dies ist Chefsache, wie der Titel des Buchs zu Recht unterstreicht. Klugerweise lässt sich der Chef hierbei beraten von Wissensträgern, die unabhängig sind vom Betrachtungsgegenstand. ChatGPT und gleichartige Tools sind kein geeigneter Ratgeber für Grundsatzentscheidungen, schon gar nicht, wenn es sie selbst betrifft.

Das Unternehmensmanagement ist immer damit befasst, Aktionspunkte nach Relevanz zu priorisieren und dabei als Leitschnur die Unternehmensphilosophie heranzuziehen. Man mag KI begeistert aufgreifen oder entgeistert ablehnen, dies spielt für die Themenwahl nur noch eine untergeordnete Rolle. Tatsächlich gibt es einige wenige Themen im Digitalbereich, denen man nicht mehr entkommen kann, wenn man wirtschaftliche Entscheidungen trifft und damit zumindest peripher (und oftmals wesentlich intensiver) mit der digitalen Welt interagiert, was inzwischen für die allermeisten Unternehmen jedweder Größenordnung gilt. Diese Hauptthemen haben sich in den letzten Jahren herausgebildet unter anderem durch die Arbeit der von mir ins Leben gerufenen Aus- und Weiterbildungspartnerschaft im digitalen Industrie-Ökosystem unter dem europäischen »Pact for Skills«. Wir haben dort drei Dimensionen benannt, mit denen sich jedes Unternehmen befassen muss, egal ob groß oder klein, digitalaffin oder traditionell.

Thema Nummer eins ist der Umgang mit Daten, insbesondere die Datenschutz-Grundverordnung (DSGVO) sowie Erhebung und Speicherung von betriebsrelevanten Datensätzen. Das zweite Thema (und mit dieser Reihenfolge ist keine Nachrangigkeit impliziert) ist die Cybersicherheit: Jede Schwachstelle ist eine zu viel. Als drittes Thema kann man das Management der »Online-Crowd« benennen, also den digitalen Umgang mit allen Partnern, mit den Akteuren in der Lieferkette und den Kunden, aber auch der interessierten Öffentlichkeit. Online-Kommunikation folgt teils anderen Regeln als Offline-Kommunikation, insbesondere was die Dynamik und das Erwartungsmanagement betrifft.

Als viertes Thema tritt nun der Umgang mit KI hinzu, und zwar mit erheblichem Potenzial für Disruption und Dystopie. Der strategische Umgang mit KI sowie die Zieldefinition – basierend auf einer realistischen Einschätzung von Chancen und Risiken – muss gänzlich disparate Dimensionen unter einen Hut bringen. Diese sind einzeln betrachtet bereits komplex und in ihrer Gesamtheit oft konfliktär. Die technische Dimension ist vielleicht die einfachste, auch wenn sie natürlich die volle Aufmerksamkeit verlangt, weil sie eigentlich diejenige ist, um die es primär gehen sollte. Abgesehen von wenigen Hightech-Unternehmen oder

Fondsgesellschaften, bei denen die Beschäftigung mit KI inzwischen zum strategischen Portfoliomanagement gehört, sind die meisten betriebsbezogenen Fragen praktischer Natur. Wenn ein Unternehmen beispielsweise viele standardisierte oder repetitive Abläufe hat, die etwa Dokumentenerstellung oder Prognoseerstellung innerhalb weitgehend stabiler Rahmenbedingungen beinhalten, dann gibt es effizienzbezogene KI-Potenziale. Ihr Ausmaß ist branchen- und technologieabhängig, aber auch für kleine Unternehmen oder Dienstleister ist das Experimentieren – und idealerweise Umsetzen für einen konkreten Anwendungsfall, um Lerneffekte zu kreieren – sehr sinnvoll. Zu berücksichtigen ist freilich der Schutz sensibler Informationen:

Wer sensible Informationen naiv in externe KI-Tools einspeist, muss sich über Daten-Leaks nicht wundern. Hiermit zusammen hängt die zweite Dimension, die Aus- und Weiterbildung. Lernen im Betriebskontext heißt kleine praktische Schritte setzen innerhalb einer unternehmerischen Gesamtlogik. Programmierkenntnisse, um KI-Modelle zu betreiben, sind genauso erforderlich wie statistische und mathematische Fähigkeiten für die Datenanalyse und die Weiterentwicklung der darauf basierenden Produktgenese. Natürlich betrifft dies einzelne Mitarbeiter wesentlich direkter und umfassender als andere, aber jeder sollte die Möglichkeiten dazu erhalten und die entsprechenden Anreize, durch das Akquirieren von leicht in die tägliche Arbeit integrierbaren Mikro-Weiterbildungen am eigenen Humankapital zu arbeiten.

Weniger im Vordergrund steht oftmals die soziale Dimension, doch sie hat es besonders in sich. Der einfache Teil (der an sich bereits nicht einfach ist) ist das Veränderungsmanagement: Wie bereite ich mich selbst, meine Mitarbeiter einzeln, aber insbesondere auch das Kollektiv aller Beteiligten auf technologieinduzierte Veränderungen mit erheblichen Auswirkungen auch und gerade sozialer, psychologischer und ideologischer Natur vor? Die diesbezüglichen Fragen betreffen Grundsätzliches, und dann hört bereits das vermeintlich Einfache schnell auf! Ist meine Arbeit nun weniger wert, weil ich zumindest in manchen Bereichen als dümmer, langsamer, ja leichter ersetzbar angesehen werde? Ist diese Maschine, die vielleicht mit angenehmer Stimme zu mir spricht, einen schönen Vornamen trägt und bald gar wie ein Mensch aussieht, tatsächlich nur künstlich oder schon menschenähnlich, und muss ich sie dann auch so behandeln? Was weiß sie tatsächlich über mich und meinen Betrieb, und wer weiß es noch? Laufen wir wie die Lemminge auf die Klippe zu und päppeln hier etwas groß, das uns dann eines Tages vollständig redundant macht, oder behalten wir noch die Kontrolle? Und wer ist dann genau »wir«?

Ich bin davon überzeugt, dass die gegenwärtigen gesellschaftlichen Konflikte, die zunehmend vom Privaten ins Professionelle und konkret in viele Unternehmen, Universitäten, ja Organisationen jeder Art eindringen, nur ein matter Vorgeschmack sind auf die innergesellschaftlichen Brüche, die mit KI einhergehen können, aber bei geschickter Steuerung nicht notwendigerweise müssen. Man muss nicht auf die Ludditen rekurrieren, um den zunehmenden Schwelbrand in fundamentalen gesellschaftlichen Bruchlinien bildhaft werden zu lassen. Einzeln betrachtet mögen KI-Tools noch recht unscheinbar daherkommen. Spätestens jedoch, wenn sie sich vernetzen und der rasante technische Fortschritt nicht mehr auf Analyse und punktbezogene Unterstützung beschränkt bleibt, sondern gesamtgesellschaftliches Verhaltensmanagement ermöglicht, das auch die Arbeitswelt stets mehr betreffen wird, ist die Managementebene gefordert:

Je tiefer Technik in die individuelle Lebensführung eingreift, desto schwieriger wird das Steuern wirtschaftlicher Prozesse. Jeder dieser Bereiche ist einzeln bedeutsam und als Teil einer Gesamtschau unentbehrlich. Erste Ansätze europäischer oder nationaler Regulierung zeigen bestenfalls einzelne Grenzen auf oder dienen als Leitplanken, gehen aber auf absehbare Zeit nicht über erste Ansätze hinaus und ersetzen auch niemals unternehmerisches strategisches Management. Betriebsbezogene Einzelmeinungen sind von Bedeutung, müssen aber gefiltert, strukturiert und in ein Ganzes integriert werden – und all dies in einem Kontext nicht nur der rasend schnellen Weiterentwicklung der KI selbst, sondern auch zunehmend komplexen Interaktionen mit disruptiven Technologien wie etwa Blockchain und Quantum Computing. Wie bereits angeführt: KI gehört nicht auf die lange Bank geschoben, sondern verlangt das umgehende Aneignen von Kenntnissen, um mit diesem Thema bestmöglich umzugehen.

Dr. Joachim Schwerin ist Hauptökonom im Referat »Digitale Transformation der Industrie«, Generaldirektion Binnenmarkt, Industrie Unternehmertum und KMU der Europäischen Kommission. Er hat an der Technischen Universität Dresden promoviert und war Forschungsstipendiat an der Abteilung für Wirtschaftsgeschichte der London School of Economics, bevor er 2001 zur Europäischen Kommission kam.

»Unternehmen, welche proaktiv schon jetzt eine umfassende KI-Regulierungsstrategie entwickeln und sich im engen Austausch mit den Aufsichtsbehörden befinden, werden letztendlich einen großen Wettbewerbsvorteil haben. Sie werden die anstehende sekundäre Rechtsetzung, wie Leitlinien und Templates, signifikant beeinflussen können.«

Axel Voss
Mitglied des Europäischen Parlaments für die CDU, EVP-Fraktion

Teil 2
KI IM UNTERNEHMEN RICHTIG NUTZEN

8 KI ist Chefsache!

Im zweiten Teil dieses Buchs wollen wir Ihnen Impulse und Strategien vermitteln, um die Künstliche Intelligenz in Ihrem Unternehmen erfolgreich und gewinnbringend zu nutzen. Es geht dabei um frühzeitige Weichenstellungen, um die Entwicklung einer unternehmensspezifischen Strategie und auch um Verantwortung. Die Bedeutung der Geschäftsführung und ihrer Führungskräfte ist gerade in Veränderungsprozessen unstrittig. Mit »Chefsache« meinen wir daher nicht ausschließlich den Familienunternehmer, Geschäftsführer oder CEO, sondern eine Implementierung des Zukunftsthemas KI unter für alle Mitarbeiterinnen und Mitarbeiter sichtbarer Führung durch die Geschäftsleitung. Die Praxis in vielen Unternehmen sieht noch anders aus. Dank einem niederschwelligen Zugang zu cloudbasierten KI-Lösungen sind viele Mitarbeiter auf eigene Faust auf Erkundungstour gegangen. Und nicht wenige Unternehmer haben die Dynamik des Themas nur schwer einschätzen können und die Verantwortung erst einmal bei der hauseigenen IT-Abteilung gesehen. Mit dem Grundlagenwissen aus dem ersten Buchteil im Gepäck, wollen wir Sie über sieben Kapitel motivieren, als »Chef« auch bei der Einführung und Nutzung Künstlicher Intelligenz in Ihrem Unternehmen eine Führungsrolle einzunehmen. KI ist weit mehr als die Entscheidung über IT-Infrastrukturen.

Künstliche Intelligenz bietet transformative Potenziale für nahezu jede Branche, indem sie neue Möglichkeiten zur Steigerung der Effizienz, zur Verbesserung des Kundenservice und zur Erschließung neuer Märkte schafft. Führungskräfte sollten KI daher vorrangig als strategisches Werkzeug begreifen, das wesentlich zum langfristigen Erfolg und Wachstum des Unternehmens beitragen kann. Indem sie KI-Projekte persönlich überwachen und steuern, können sie sicherstellen, dass diese Technologien in Einklang mit den übergeordneten Geschäftszielen stehen und optimal genutzt werden, um echte Wettbewerbsvorteile zu schaffen.

Die Implementierung von KI birgt aber auch Risiken, besonders in Bezug auf Datenschutz, Sicherheit und ethische Fragestellungen. Führungskräfte tragen die Verantwortung, Richtlinien zu definieren, die sowohl den rechtlichen Anforderungen entsprechen als auch ethische Standards wahren. Indem sie Risikomanagementstrategien entwickeln und implementieren, können sie potenzielle negative Auswirkungen minimieren und das Vertrauen der Stakeholder in die Integrität des Unternehmens stärken. Die erfolgreiche Integration von KI erfordert außerdem oft einen Kulturwandel innerhalb des Unternehmens. Die Geschäftsführung sollte dabei eine Kultur der Offenheit und des kontinuierlichen Lernens fördern, um sicherzustellen, dass die Mitarbeiterinnen und Mitarbeiter die notwendigen Fähigkeiten entwickeln und offen für die Veränderungen durch KI sind. Durch die Vorbildfunktion der Unternehmensleitung und die aktive Förderung von Schulungsprogrammen können Widerstände abgebaut und die Organisation effektiv auf die digitale Transformation vorbereitet werden.

Die Erfahrung in Projekten bei Unternehmen ganz unterschiedlicher Größenordnungen zeigt, dass die direkte Beteiligung der Geschäftsführung an der Gestaltung und Implementierung von KI-Strategien entscheidend für deren Erfolg ist. Sie sind als Chefin oder Chef in der einzigartigen Position, übergreifende Geschäftsstrategien mit technologischen Möglichkeiten zu verknüpfen. Ihre Vision und Ihr Engagement sind ausschlaggebend dafür, dass KI-Initiativen nicht nur technisch umgesetzt, sondern auch effektiv in das Geschäftsmodell integriert werden. Und Sie können eine zu implementierende KI-Policy vorleben. Aber dafür ist es auch notwendig, sich Gedanken über Verantwortlichkeiten zu machen. Ein gutes Beispiel, wie es nicht optimal funktioniert, ist der bisherige Umgang der Bundespolitik mit dem Thema Digitalisierung. Natürlich geht es nicht darum, unbedingt ein neues Vorstandsressort für KI zu schaffen. Aber gerade weil die Künstliche Intelligenz alle Ihre Führungskräfte und alle Bereiche Ihres Unternehmens angeht, kann ein KI-Beauftragter ein wertvolles

Bindeglied zwischen der Geschäftsführung und den operativen Einheiten im Unternehmen sein und alle Aktivitäten beratend und qualitätssichernd begleiten. Und unterschätzen Sie nicht die Innovationsdynamik dieses Themas. Es ist daher in vielen Fällen eine gute Idee, die Rolle des KI-Beauftragten als Stabsstelle der Unternehmensleitung einzurichten. Dies hilft Ihnen, sich kontinuierlich über Fortschritte in der KI-Entwicklung und der begleitenden rechtlichen Rahmenbedingungen zu informieren und bereit zu sein, Ihre Strategien entsprechend zu adjustieren, um Innovationsführer zu bleiben.

Künstliche Intelligenz führt in vielen Fällen zu einer Veränderung der Arbeitswelten und der Unternehmenskultur, die größer nicht sein könnte. Dies klingt erst einmal ein wenig pathetisch, ist aber nicht zu hoch gegriffen. Denn das Wissen und die Erfahrung Ihrer Mitarbeiterinnen und Mitarbeiter bekommt einen neuen Mitspieler im Team: die Daten. Selbstverständlich wurden auch bislang unternehmerische Entscheidungen auf Datenbasis getroffen und ein guter Datenbestand war seit jeher ein wichtiger Wettbewerbsvorteil. Die Entscheidungen wurden aber von Menschen getroffen und Datenanalysen kritisch hinterfragt. Rein technologisch gesehen ist die KI aber selbst in der Lage, komplexe Entscheidungen auf der Grundlage von umfassenden und blitzschnellen Datenanalysen zu treffen, die menschliche Fähigkeiten bei Weitem übertreffen.

Ein vollständiger Paradigmenwechsel wäre es nun, dem Menschen die Rolle des Datenfütterers zu geben und den Maschinen die Rolle des Entscheiders. Dieses - hypothetische – Szenario zeigt, warum es so wichtig ist, die Einführung der KI nicht nur mit einem Technologiekonzept zu begleiten, sondern auch mit einer Vision und Kultur, welche die Rolle der menschlichen Mitarbeiter auch langfristig verankert und gleichzeitig sicherstellt, dass die Entscheidungsfindung ethisch, nachhaltig und rechtssicher bleibt. Dabei geht es nicht nur um die Erfüllung von Rechtspflichten, sondern auch um Antworten auf Fragen und Existenzängste Ihrer Beschäftigten. Denn jede Veränderung sorgt erst einmal für Unsicherheit.

Chefinnen und Chefs, die eine Vision und eine zukunftsorientierte Strategie im Umgang mit der KI ausstrahlen und gleichzeitig für eine innovationsfreundliche Unternehmenskultur sorgen, vermitteln ihren Teams Sicherheit und Optimismus. Führungskräfte sollten also nicht nur ihr eigenes Verständnis von KI vertiefen, sondern auch sicherstellen, dass ihre Mitarbeiter Zugang zu Bildung und Training haben, um mit den Veränderungen Schritt halten zu können. Sie sollten eine Atmosphäre schaffen, in der Innovation gefördert und gefeiert wird und in der Mitarbeiterinnen und Mitarbeiter sich sicher fühlen, neue Ideen auszuprobieren. Und keine Angst haben, durch Maschinen ersetzt zu werden. In der Welt der KI ist es unerlässlich, dass Führungskräfte starke ethische Grundsätze vertreten und vorleben. Dies umfasst die Entwicklung klarer Richtlinien zur Nutzung von KI und die Gewährleistung, dass diese Technologien zum Wohl aller eingesetzt werden. Die Aufgabe einer KI-Policy, der wir ein eigenes Kapitel in diesem Buch widmen, besteht also nicht nur darin, klare betriebliche Spielregeln im Umgang mit der Künstlichen Intelligenz zu verankern, sondern auch in der Schaffung einer gemeinsamen Wertebasis. Auch wenn es für Sie selbstverständlich klingt, dass es Menschen – Ihre Mitarbeiterinnen und Mitarbeiter – sind und bleiben, welche die KI einsetzen, kontrollieren und qualitätssichern, ist es dennoch eine gute Idee, diesen »Der Mensch im Loop«-Ansatz auch ausdrücklich in der Policy zu verankern.

Andererseits gehört es aber zur Wahrheit, dass die Automatisierung vieler Aufgaben noch deutlich schneller voranschreiten und sich viele Berufsfelder und Tätigkeiten entsprechend verändern werden. Ob Mitarbeiter davor Angst haben oder sich auf neue, interessante Arbeitswelten freuen, hängt stark von Ihnen als Unternehmer ab. Eine Aufgabe ist es, Ihre Teams neu zu orientieren und weiterzuentwickeln, um sicherzustellen, dass sie die Fähigkeiten besitzen, die in einer zukünftigen KI-Welt benötigt werden. Aber neben der Fortbildung und einer Innovationskultur braucht es auch eine Vision, deren optimistischer Ausblick auch im Betrieb gelebt wird. Dies beginnt bei der Wertschätzung für Wissen, Erfahrung, Talente und Fertigkeiten. Sensibilisieren Sie daher Ihre Führungskräfte, bei Budget- oder Personalentscheidungen nicht mit dem vermeintlich kostensparenden »Universaltalent« KI zu argumentieren. Und motivieren Sie Ihre Mitarbeiter auch weiterhin, nicht nur eine Gesamtkostenbetrachtung zu verfolgen, sondern auch die Skills zu berücksichtigen, welche die Künstliche Intelligenz nicht erfüllen kann und soll. Kreativ-Dienstleister wie Fotografen, Grafiker oder Texter sehen sich beispielsweise schon heute mit einem disruptiven Wettbewerb durch die KI und verstärkten Honorardiskussionen konfrontiert. Objektiv betrachtet bringen Sie aber auch einen Schatz an Erfahrungen und Ideen sowie soziale Skills mit sich, die für ein Projekt wertvoll sein können. Leben Sie daher vor, dass diese Aspekte nicht unberücksichtigt bleiben oder rhetorisch entwertet werden. Mitarbeiter, die von ihren Vorgesetzten immer wieder Argumente wie »zu teuer, mach das doch einfach auf Knopfdruck mit ChatGPT« hören, entwickeln automatisch eine Unsicherheit hinsichtlich der Wertschätzung ihrer eigenen Fähigkeiten. Der Veränderungsprozess durch die KI braucht Empathie und Fingerspitzengefühl. Und das ist Chefsache.

Ein weiterer wichtiger Aspekt ist der Mut zur Weitsicht und die Befugnis, auch langfristige, einschneidende Veränderungsprozesse einzuleiten und zu fördern. Im Sinne einer geordneten Nachfolgeregelung war es schon immer Aufgabe des Unternehmers, des Vorstandsvorsitzenden oder Geschäftsführers, sich selbst rechtzeitig »überflüssig« zu machen. Heute ist das ein beliebter Leitsatz von Unternehmenslenkern, gerade in der Start-up-Szene: Die Mitarbeiter sind entscheidend, nicht der Chef. Was gut klingt, krankt aber oft an der Realität. Für die Entwicklung einer langfristigen KI-Strategie und für umfassende Weichenstellungen zur Zukunftssicherung des Unternehmens braucht es Freiheiten, Vollmachten und unternehmerische Denkweisen, die heutigen Führungskräften selten eingeräumt oder zugestanden werden. Neben dem Tagesgeschäft mit Wochen-, Monats- oder Quartalsdenken ist es schwer, Entscheidungen zu treffen, die sich nicht in jedem Fall mit harten Zahlen durchkalkulieren lassen. Zu viele Faktoren sind bei der Künstlichen Intelligenz volatil und hochdynamisch. Das wird sich ändern – aber jetzt ist die richtige Zeit zu handeln. Es ist daher wichtig, dass Sie – wiederum top-down – betriebliche Rahmenbedingungen für Ideen, Innovationen und Visionen schaffen und dazu animieren, die KI erst einmal als Investition in Erfahrung zu betrachten. Als ein Pioniergebiet für die Zukunft und ohne die Erwartung, dass alles funktioniert und sich rechnet. Dann werden Sie zwar noch lange nicht überflüssig, erleben aber einen Rückkanal – bottom-up – mit Ideen und Mitarbeitern, die bereit für Engagement und Verantwortung sind. Die Evaluation, Integration und Weiterentwicklung von KI-Systemen erfordert oft erhebliche finanzielle Investitionen oder Ressourcen, die besonders für kleinere Unternehmen eine Hürde darstellen können. Die Bereitschaft, diese Hürde zu nehmen, signalisieren Sie aus der Geschäftsleitung heraus. Gleichzeitig ist es Ihre Aufgabe zu definieren, welche spezifischen Ziele Sie mit KI erreichen wollen und wie diese Technologie in Ihre größere Geschäftsstrategie passt. Je transparenter die Ziele und die Richtung sind, umso besser können Sie Verantwortung an Ihre Mitarbeiter abgeben.

Angesichts der zahlreichen neuen rechtlichen Fragestellungen rund um den betrieblichen Einsatz von KI gibt es einige namhafte Unternehmen mit einer eher strikten Verbotskultur. Sie fürchten um erhebliche rechtliche Risiken, aber auch um eine unbeabsichtigte Verbreitung vertraulicher Informationen, wenn Mitarbeiter cloudbasierte KI-Lösungen ungezügelt einsetzen. Das ist einerseits verständlich, andererseits stellt sich natürlich wie bei jeder breit vermarkteten Technologie, die sich jeder Mitarbeiter auch privat leisten und abonnieren kann, die Frage nach der Sinnhaftigkeit von Verboten und der Möglichkeit einer Kontrolle. Auch in vielen weiteren Bereichen ist die Erfahrung, dass man besser

8 KI ist Chefsache! 99

erklärt, informiert und motiviert als verbietet. Das Internet-Surfen am Arbeitsplatz war vor Jahren so ein Thema, dann die Nutzung von Social Media. Ein besserer Ansatz ist die Strategie, die deutsche Vorzeigeunternehmen wie Bosch oder dm vorleben. Sie wollen natürlich von KI profitieren und hoffen, die interne Effizienz zu steigern und Prozesse mit Hilfe von KI zu optimieren. Dafür geben Sie den Mitarbeitern interne KI-Werkzeuge an die Hand, bei denen sensible Daten nicht ständig die eigene Schutzzone verlassen.

Die Künstliche Intelligenz soll aus einer öffentlichen Cloud wieder in eine Art »On Premise«-Umgebung überführt werden - heutzutage oft eine unternehmenseigene Cloud. Damit können die vorhandenen Big-Data-Schätze mit eigenen Spiel- und Schutzregeln genutzt werden. Grundlage sind die Sprachmodelle von Aleph Alpha und OpenAI, die für die Nutzung in der eigenen Cloud lizensiert und in eigene Anwendungen integriert wurden. Den Mitarbeiterinnen und Mitarbeitern wird ein sicherer Umgang mit der KI geboten und gleichzeitig viele wertvolle Erfahrungen gesammelt, um eigene KI-unterstützte Produkte und Services zu entwickeln. Diese Beispiele zeigen sehr schön die bessere Alternative zu Verboten: die Bereitstellung von KI-Werkzeugen, aber in der eigenen IT-Infrastruktur und mit entsprechenden Schutzmaßnahmen. Wenn von einer unternehmenseigenen KI gesprochen wird, ist also meistens nicht ein grundlegend eigenes Sprachmodell gemeint, sondern eine eigenkontrollierte Infrastruktur, eigene Nutzungs-Parameter, das zielgerichtete Training der KI mit Unternehmensdaten und die Entwicklung eigener Bedienoberflächen, von Kontroll- und Monitoring-Werkzeugen sowie einer rechtssicheren Dokumentation. Als Unternehmen verfügen Sie damit über eine gemanagte KI-Infrastruktur.

Eine Alternative für Kleinunternehmer, Selbstständige und Freiberufler sind KI-Integrationen in Branchenlösungen. Aber auch sie sind gefordert, KI zur Chefsache zu erklären.

Quintessenz

KI-Technologien besitzen das Potenzial, nahezu alle Branchen durch Effizienzsteigerungen, verbesserten Kundenservice und Erschließung neuer Märkte zu transformieren. Führungskräfte sollten KI dabei nicht nur als IT-Aufgabe betrachten, sondern als zentralen Bestandteil ihres strategischen Managements. Die Geschäftsführung spielt eine entscheidende Rolle im Transformationsprozess zur KI-Integration. Dies umfasst die Entwicklung einer unternehmensspezifischen KI-Strategie, die die Besonderheiten und Ziele des Unternehmens reflektiert und die Führung durch die Geschäftsleitung erfordert. Die sichtbare Beteiligung und das Engagement der obersten Führungsebene sind ausschlaggebend, um KI-Projekte effektiv zu steuern und das volle Potenzial der Technologie auszuschöpfen. Dies schließt auch die Verantwortung ein, ethische und rechtliche Standards zu wahren sowie Datenschutz und Sicherheit zu garantieren.

Die erfolgreiche Implementierung von KI kann einen Kulturwandel innerhalb des Unternehmens erfordern. Als Chefin oder Chef sollten Sie daher eine offene und lernbereite Unternehmenskultur fördern, die die Mitarbeiter dazu motiviert, sich neuen Technologien zu öffnen und die erforderlichen Fähigkeiten zu entwickeln. Schulungsprogramme und Weiterbildung sind essenziell, um die Belegschaft auf die Veränderungen durch KI vorzubereiten und sicherzustellen, dass alle Mitarbeiter die Technologie effektiv nutzen können.

9 Mit Strategie und Zielen an die KI rangehen

Künstliche Intelligenz birgt das Potenzial, Unternehmen grundlegend zu transformieren und Innovationen voranzutreiben. Doch um eine erfolgreiche Implementierung zu gewährleisten und die Wirkung von KI zu maximieren, ist es für Unternehmen von entscheidender Bedeutung, mit einer klar definierten Strategie und eindeutigen Zielen an die Technologie heranzugehen.

Der erste Schritt sollte darin bestehen, klare Ziele gemeinsam zu formulieren. Dabei gilt es, die Geschäftsziele und die spezifischen Aufgaben, die das KI-System übernehmen soll, genau zu identifizieren. Dies trägt dazu bei, KI-Initiativen mit den übergeordneten Zielen des Unternehmens in Einklang zu bringen. Eine effektive KI-Strategie sollte die breiteren Ziele des Unternehmens unterstützen - sei es durch tiefere Datenanalyse, Prozessoptimierung, verbesserte Kundenerlebnisse oder Talententwicklung. Die Strategie dient als Fahrplan für die Integration von KI in das Unternehmen.

Ob es darum geht, Kosten zu senken, Umsätze zu steigern, die Effizienz zu verbessern oder innovative Produkte und Dienstleistungen zu entwickeln - eine klare Zielvorstellung ist entscheidend. Laut einer aktuellen McKinsey-Umfrage berichten 42% der befragten Unternehmen von Kosteneinsparungen durch den Einsatz von KI, während 59% höhere Umsätze verzeichnen. Dies unterstreicht das enorme Potenzial von KI für die Steigerung der Geschäftseffizienz.

Um dieses Potenzial voll auszuschöpfen, ist es jedoch entscheidend, dass Unternehmen strategisch und zielorientiert an die Implementierung von KI herangehen. Eine klare Vision und ein strukturierter Fahrplan sind unerlässlich, um den Einsatz von KI zu orchestrieren und in Einklang mit den übergeordneten Geschäftszielen zu bringen. Nur wenn KI nicht als isolierte Technologie, sondern als integraler Bestandteil der Unternehmensstrategie verstanden wird, kann sie ihr volles Potenzial entfalten.

In diesem Zusammenhang ist ein sehr wichtiger Aspekt die Einbindung aller relevanten Stakeholder in den Prozess der KI-Integration. Dies umfasst nicht nur die IT-Abteilung und das Topmanagement, sondern auch Mitarbeiter aus den Fachabteilungen, die letztendlich mit den KI-Systemen arbeiten werden. Ein strukturiertes Change-Management und gezielte Schulungen sind ebenfalls von großer Bedeutung, um die erfolgreiche Einführung von KI im Unternehmen zu gewährleisten. Mitarbeiter müssen befähigt werden, die neuen Technologien souverän einzusetzen und ihr Potenzial voll auszuschöpfen. Gleichzeitig gilt es, mögliche Vorbehalte und Ängste ernst zu nehmen und proaktiv zu adressieren. Nur wenn die Belegschaft die Vorteile von KI versteht und aktiv in den Veränderungsprozess eingebunden wird, kann eine nachhaltige Integration gelingen.

Unternehmen, die KI erfolgreich nutzen wollen, müssen zudem bereit sein, ihre Organisationsstrukturen und Prozesse anzupassen. Die Einführung von KI ist nicht nur ein technologisches Projekt, sondern erfordert in vielen Fällen auch eine tiefgreifende Transformation der Arbeitsweise und Kultur. Flache Hierarchien, interdisziplinäre Teams und eine agile, experimentierfreudige Haltung sind wichtige Voraussetzungen, um das volle Potenzial von KI zu erschließen.

Ein weiterer Schlüsselfaktor für den erfolgreichen Einsatz von KI ist die Verfügbarkeit und Qualität der zugrunde liegenden Daten. KI-Systeme sind nur so gut wie die Daten, mit denen sie trainiert und gefüttert werden. Unternehmen müssen daher sicherstellen, dass sie über robuste Dateninfrastrukturen und effektive Prozesse zur Datenerfassung, -bereinigung und -analyse verfügen. Nur wenn KI als integraler Bestandteil der Unternehmensstrategie verstanden und umgesetzt wird, kann sie ihr volles Potenzial entfalten und zu signifikanten Verbesserungen von Effizienz, Wettbewerbsfähigkeit und Kundenzufriedenheit führen.

Oft erweist sich ein schrittweiser Ansatz bei der KI-Implementierung als erfolgreicher als ein transformativer. Anstatt zu versuchen, menschliche Fähigkeiten zu ersetzen, sollte

9 Mit Strategie und Zielen an die KI rangehen

der Fokus darauf liegen, diese durch KI-Technologien zu erweitern. Durch die Integration von KI in bestehende Prozesse und Systeme können Unternehmen ihre Mitarbeiter unterstützen und deren Produktivität steigern. Studien haben gezeigt, dass KI es Arbeitnehmern ermöglicht, Aufgaben schneller zu erledigen und die Qualität ihrer Arbeit zu verbessern.

Die Qualität der Daten ist ein entscheidender Faktor für den Erfolg von KI. Die Einbeziehung von Endnutzern und allen Stakeholdern während des gesamten Design- und Feedbackprozesses ist ebenfalls von großer Bedeutung. Ihr Input und Feedback kann dazu beitragen, Probleme, Lücken und Verbesserungsmöglichkeiten zu identifizieren. Zudem ist es wichtig, die Leistung, Genauigkeit und Zuverlässigkeit von KI-Prototypen zu überwachen und zu messen. So können Organisationen Probleme oder Lücken erkennen und notwendige Anpassungen vornehmen, um die Effektivität der Systeme zu verbessern.

KI-Initiativen sollten natürlich immer mit der Kerngeschäftsstrategie abgestimmt und vereinheitlicht werden. Diese Ausrichtung stellt sicher, dass KI die Kombination aus Effizienz und wertschöpfenden Ergebnissen liefern kann, die für kontinuierliche Renditen erforderlich sind. Organisationen sollten dynamische Wege entwickeln, um ihre KI-Strategie zu bewerten und sicherzustellen, dass sie auf sich ständig verändernde Markt- und Technologieentwicklungen reagieren können. In einer Welt, in der sich Technologien rasant weiterentwickeln, reicht es nicht aus, einmalig in KI zu investieren und dann auf den Erfolg zu hoffen. Vielmehr ist ein kontinuierlicher Prozess des Lernens und Anpassens erforderlich, um mit den Veränderungen Schritt zu halten und das volle Potenzial von KI auszuschöpfen.

Ein wichtiger Baustein dabei sind gezielte Investitionen in Forschung und Entwicklung. Unternehmen, die selbst aktiv an der Entwicklung neuer KI-Technologien arbeiten, verschaffen sich einen Wettbewerbsvorsprung und können schneller auf neue Trends reagieren. Dabei geht es nicht nur darum, bestehende

Ansätze zu optimieren, sondern auch darum, völlig neue Möglichkeiten zu erschließen und disruptive Innovationen voranzutreiben. Um das nötige Know-how aufzubauen, sind Partnerschaften mit führenden KI-Unternehmen und Forschungseinrichtungen von großer Bedeutung. Durch die Zusammenarbeit mit Experten auf diesem Gebiet können Unternehmen von deren Erfahrungen und Best Practices profitieren und ihre eigenen Fähigkeiten schneller ausbauen. Solche Kooperationen ermöglichen es auch, Zugang zu modernsten Technologien und Infrastrukturen zu erhalten und gemeinsam an zukunftsweisenden Projekten zu arbeiten.

Mindestens ebenso wichtig ist die kontinuierliche Weiterbildung der eigenen Mitarbeiter. KI ist kein Thema, das nur die IT-Abteilung betrifft, sondern erfordert ein breites Verständnis in allen Bereichen des Unternehmens. Durch gezielte Schulungen und Trainings können Mitarbeiter lernen, wie sie KI in ihrem jeweiligen Arbeitskontext einsetzen und nutzen können. Dies schafft nicht nur die Grundlage für eine effektive Anwendung von KI, sondern fördert auch die Akzeptanz und das Engagement der Mitarbeiter für die digitale Transformation.

Ein Aspekt, der in diesem Zusammenhang oft unterschätzt wird, ist die Bedeutung von Daten. KI-Systeme sind nur so gut wie die Daten, mit denen sie trainiert werden. Unternehmen müssen daher sicherstellen, dass sie über qualitativ hochwertige, relevante und aktuelle Daten verfügen, um aussagekräftige Ergebnisse zu erzielen. Dies erfordert eine strategische Herangehensweise an das Datenmanagement, von der Erfassung über die Aufbereitung bis hin zur Analyse und Nutzung von Daten.

Um die Potenziale von KI voll auszuschöpfen, müssen Unternehmen auch ihre Organisationsstrukturen und Prozesse anpassen. KI ist nicht einfach nur eine Technologie, die man einschalten kann, sondern erfordert ein Umdenken in vielen Bereichen. Abteilungsgrenzen müssen überwunden, Silos aufgebrochen und eine Kultur der Zusammenarbeit und des kontinuierlichen Lernens etabliert werden. Nur so können die Erkenntnisse aus KI-Projekten in die gesamte Organisation diffundieren und zu nachhaltigen Verbesserungen führen. Angesichts der rasanten Entwicklung im Bereich der generativen KI, die laut Studien bereits in 19,7% aller Gewinnmitteilungen von Fortune-500-Unternehmen thematisiert wird, ist es für Unternehmen wichtiger denn je, am Puls der Zeit zu bleiben. Es gilt daher, die Möglichkeiten und Auswirkungen von generativer KI frühzeitig zu analysieren und in die eigene Strategie einzubeziehen. Dies kann bedeuten, selbst in die Entwicklung solcher Systeme zu investieren, Partnerschaften mit führenden Anbietern einzugehen oder die eigenen Produkte und Services mit Hilfe generativer KI zu verbessern und zu erweitern.

Gleichzeitig dürfen Unternehmen bei aller Begeisterung für die neuen Möglichkeiten nicht die potenziellen Risiken und Herausforderungen aus den Augen verlieren. Generative KI wirft eine Reihe ethischer und rechtlicher Fragen auf, etwa im Hinblick auf Urheberrechte, Datenschutz oder die Verantwortung für die generierten Inhalte (siehe dazu das Kapitel in Teil 1).

Die erfolgreiche Implementierung einer KI-Strategie ruht auf drei zentralen Säulen: Daten, Algorithmen und Infrastruktur. Unternehmen, die diese Aspekte von Anfang an sorgfältig planen und aufeinander abstimmen, schaffen die Grundlage für eine effektive und nachhaltige Nutzung von KI. Daten sind der Treibstoff für jede KI-Anwendung. Ohne ausreichende Menge und Qualität der Daten können selbst die besten Algorithmen keine aussagekräftigen Ergebnisse liefern. Unternehmen müssen daher genau analysieren, welche Daten sie für ihre KI-Lösung benötigen und ob diese Daten bereits im Unternehmen vorhanden sind oder erst noch beschafft werden müssen. Dabei gilt es auch zu berücksichtigen, dass die Anforderungen an die Daten je nach Anwendungsfall variieren können. Während für manche Anwendungen strukturierte Daten aus internen Systemen ausreichen, benötigen andere Anwendungen möglicherweise unstrukturierte Daten aus externen Quellen wie sozialen Medien oder Sensoren. Eine solide Datenstrategie erfordert auch ein systematisches Datenmanagement. Unternehmen müssen sicherstellen, dass die Daten korrekt erfasst, bereinigt, integriert und verwaltet werden. Nur so können sie die Qualität und Konsistenz der Daten gewährleisten, die für den Erfolg von KI-Anwendungen entscheidend sind. Ein wichtiger Aspekt dabei ist auch die Datensicherheit und der Datenschutz. Unternehmen müssen geeignete Maßnahmen ergreifen, um sensible Daten zu schützen und die geltenden rechtlichen Bestimmungen einzuhalten.

Die zweite Säule einer erfolgreichen KI-Strategie sind die Algorithmen. Sie bilden das Herzstück jeder KI-Anwendung und sind verantwortlich für die Verarbeitung der Daten und die Generierung von Erkenntnissen. Die Entwicklung und Implementierung effektiver Algorithmen erfordert ein tiefes Verständnis der zugrunde liegenden mathematischen und statistischen Modelle sowie Erfahrung in der Programmierung und Optimierung von KI-Systemen. Unternehmen stehen hier vor der Entscheidung, ob sie die nötigen Kompetenzen intern aufbauen oder externe Experten hinzuziehen. In vielen Fällen kann eine Kombination aus beiden Ansätzen sinnvoll sein, bei der interne Teams eng mit externen Spezialisten zusammenarbeiten. Wichtig ist dabei, dass die Algorithmen nicht nur einmalig entwickelt, sondern kontinuierlich überwacht, getestet und angepasst werden. Nur so können Unternehmen sicherstellen, dass ihre KI-Modelle auch bei veränderten Rahmenbedingungen zuverlässige Ergebnisse liefern.

Die dritte Säule schließlich ist die Infrastruktur. KI-Anwendungen erfordern in der Regel eine leistungsfähige IT-Infrastruktur, um die großen Datenmengen verarbeiten und die komplexen Berechnungen durchführen zu können. In den letzten Jahren haben sich hier vor allem Cloud-Lösungen als attraktive Option erwiesen. Sie bieten Unternehmen einen schnellen und flexiblen

Zugang zu skalierbaren Rechenressourcen, ohne dass dafür eigene Hardware angeschafft und betrieben werden muss. Unternehmen müssen sorgfältig abwägen, welche Infrastruktur-Optionen für ihre spezifischen Anforderungen am besten geeignet sind. Faktoren wie Datensicherheit, Latenzzeiten, Integrierbarkeit und Kosten spielen dabei eine wichtige Rolle. In manchen Fällen kann es sinnvoll sein, auf eine hybride Lösung zu setzen, bei der ein Teil der Infrastruktur im eigenen Rechenzentrum betrieben wird, während andere Teile in die Cloud ausgelagert werden.

Ein weiterer Aspekt, der bei der Infrastruktur-Strategie berücksichtigt werden muss, ist die Skalierbarkeit. KI-Anwendungen sollten von Anfang an so konzipiert sein, dass sie mit wachsenden Datenmengen und Nutzerzahlen umgehen können. Eine flexible und modulare Architektur, die sich bei Bedarf erweitern lässt, ist daher von großer Bedeutung. Unternehmen sollten auch sicherstellen, dass ihre Infrastruktur nahtlos mit anderen Systemen wie CRM, ERP oder IoT-Plattformen zusammenarbeitet, um eine durchgängige Datenverarbeitung und -analyse zu ermöglichen. Unternehmen sollten daher von Anfang an konkrete Ziele und Erfolgskriterien für ihre KI-Projekte definieren und regelmäßig überprüfen, ob diese Ziele erreicht werden. Dabei kann es sinnvoll sein, zunächst mit kleineren Pilotprojekten zu starten und die gewonnenen Erfahrungen dann schrittweise auf andere Bereiche zu übertragen. Ein iterativer Ansatz, bei dem die Strategie kontinuierlich angepasst und verfeinert wird, hat sich in vielen Fällen als erfolgreich erwiesen.

Quintessenz

Eine effektive KI-Strategie sollte die breiteren Ziele des Unternehmens unterstützen, sei es durch tiefere Datenanalyse, Prozessoptimierung, verbesserte Kundenerlebnisse oder Talententwicklung.

Unternehmen sollten einen schrittweisen Ansatz bei der KI-Implementierung wählen und KI als integralen Bestandteil der Unternehmensstrategie verstehen. Die Einbindung aller relevanten Stakeholder, ein strukturiertes Change-Management, gezielte Schulungen und die Anpassung von Organisationsstrukturen und Prozessen sind ebenfalls von großer Bedeutung. Die Verfügbarkeit und Qualität der zugrunde liegenden Daten sowie ethische und rechtliche Aspekte müssen sorgfältig berücksichtigt werden. Der Aufbau von KI-Kompetenzen durch Investitionen in Forschung und Entwicklung, Partnerschaften mit Experten und die kontinuierliche Weiterbildung der Mitarbeiter sind entscheidende Faktoren für langfristigen Erfolg.

Eine erfolgreiche KI-Strategie ruht auf den drei zentralen Säulen Daten, Algorithmen und Infrastruktur. Unternehmen müssen diese Aspekte sorgfältig planen und aufeinander abstimmen. Um die gewonnenen Erkenntnisse zum Einsatz von KI im Mittelstand erfolgreich in das eigene Unternehmen zu übertragen, ist ein strukturierter und ganzheitlicher Ansatz ratsam. Ein erster wichtiger Schritt ist ein offener Dialog mit allen relevanten Stakeholdern.

10 Chancen und Risiken bewerten

Die Einführung von Künstlicher Intelligenz (KI) in Unternehmen birgt ein enormes Potenzial, bringt aber auch Herausforderungen mit sich. Um die Chancen optimal zu nutzen und die Risiken zu minimieren, ist eine sorgfältige Bewertung unerlässlich. Anstatt auf eine disruptive Transformation zu setzen, empfiehlt es sich, KI-Systeme schrittweise einzuführen. Der Fokus sollte dabei auf der Erweiterung menschlicher Fähigkeiten liegen, nicht auf deren Ersatz. Durch diese inkrementelle Vorgehensweise können Unternehmen wertvolle Erfahrungen sammeln, Prozesse optimieren und die Akzeptanz bei den Mitarbeitern fördern.

Ein Schlüsselfaktor ist die Zusammenstellung eines interdisziplinären Teams zur Bewertung und Priorisierung von Risiken. Führungskräfte aus verschiedenen Bereichen wie Business, IT, Sicherheit und Risikomanagement sollten gemeinsam die bestehenden und potenziellen Risiken analysieren. Die Etablierung eines Governance-Rahmens spielt eine zentrale Rolle bei der Evaluierung und Überwachung von KI-Systemen. Dieser Rahmen sollte standardisierte Bibliotheken für Erklärbarkeit, Modell-Performance-Reporting und das Monitoring von Daten und Modellen in der Produktion umfassen. Darüber hinaus sind unternehmensweite Kontrollen, robuste Richtlinien, Verfahren, Mitarbeiterschulungen und Notfallpläne erforderlich, um die Entwicklung und den Einsatz von KI-Systemen zu steuern und eine angemessene Aufsicht zu gewährleisten.

Bei der Bewertung von KI-Projekten spielt auch die Kosteneffizienz eine oft nicht zu unterschätzende Rolle. Unternehmen sind angehalten zu prüfen, ob sie auf bereits vorhandene Ressourcen wie Open-Source-KI-Plattformen und Anbieterprodukte zurückgreifen können, um Kosten zu sparen. Bevor neue Anbieter ins Boot geholt werden, lohnt es sich, die KI-Lösungen bestehender interner IT-Lieferanten zu erkunden.

KI birgt zahlreiche Vorteile für Unternehmen, wie verbesserte Sicherheitsverfahren, prädiktive Szenarien und die Erkennung illegalen oder unethischen Verhaltens. Gleichzeitig ist es wichtig, sich der Herausforderungen bewusst zu sein, die mit KI einhergehen. Dazu gehören mögliche Verzerrungen, Fehlmanagement von Daten und Fehlinterpretationen. Bei der Nutzung von KI und anderen fortschrittlichen Analysemethoden ist es wichtig, die bestehenden und potenziellen Hindernisse, Förderfaktoren, Risiken und Vorteile zu verstehen. Dazu gehört die Identifizierung von Optionen und Möglichkeiten, um Risiken anzugehen und zu minimieren und gleichzeitig die mit KI verbundenen Vorteile zu fördern. Bei der Bewertung der Chancen und Risiken des Einsatzes von KI in einem Unternehmen ist es wichtig, die unterschiedlichen Rahmenbedingungen, individuelle Methoden und Verfahren zu würdigen und zu berücksichtigen.

Ein schrittweiser, inkrementeller Ansatz bei der Einführung von KI-Technologien hat sich in der Praxis als äußerst erfolgreich erwiesen. Anstatt eine radikale Transformation anzustreben, sollten Unternehmen KI-Systeme nach und nach in ihre Prozesse integrieren. Ein Beispiel hierfür wäre die Implementierung eines KI-gestützten Empfehlungssystems im Kundenservice. Zunächst könnte das System parallel zu den menschlichen Mitarbeitern eingesetzt werden, um deren Entscheidungen zu unterstützen. Mit der Zeit und wachsender Erfahrung kann das KI-System dann selbstständiger agieren und komplexere Aufgaben übernehmen. Durch diesen graduellen Ansatz können Unternehmen die Akzeptanz bei den Mitarbeitern fördern, Kinderkrankheiten frühzeitig erkennen und beheben sowie die Prozesse kontinuierlich optimieren.

Ein robuster Governance-Rahmen bildet das Fundament für die Evaluierung und Überwachung von KI-Systemen. Dieser Rahmen sollte standardisierte Bibliotheken für Erklärbarkeit, Modell-Performance-Reporting und das Monitoring von Daten und Modellen in der Produktion umfassen. So könnte beispielsweise eine Bibliothek entwickelt werden, die die Entscheidungen des KI-Systems nachvollziehbar macht und etwaige Verzerrungen aufdeckt. Darüber hinaus sind unternehmensweite Kontrollen, klare Richtlinien und Verfahren sowie Schulungen für die Mitarbeiter erforderlich. Notfallpläne sollten festlegen, wie im Falle von Fehlfunktionen oder unerwarteten Ergebnissen des KI-Systems zu reagieren ist. Durch regelmäßige Audits kann die Einhaltung des Governance-Rahmens sichergestellt werden.

Um die Kosten für KI-Projekte zu optimieren, sollten Unternehmen zunächst prüfen, ob sie auf bereits vorhandene Ressourcen zurückgreifen können. Open-Source-KI-Plattformen wie TensorFlow oder PyTorch bieten ein breites Spektrum an Funktionen und können die Entwicklungskosten erheblich reduzieren. Auch der Einsatz von KI-Lösungen bestehender IT-Anbieter kann sich als kostengünstig erweisen, da hier oft bereits Lizenzen vorhanden sind und die Integration in die IT-Landschaft erleichtert wird. Ein flexibler und anpassungsfähiger Ansatz ist ebenfalls wichtig, um neue Geschäftsmöglichkeiten, die sich durch den Einsatz von KI ergeben, schnell ergreifen zu können. So könnte ein Unternehmen beispielsweise durch die Analyse von Kundendaten mittels KI neue Produkte oder Dienstleistungen entwickeln und zusätzliche Einnahmequellen erschließen.

KI bietet Unternehmen zahlreiche Vorteile, birgt aber auch Herausforderungen. Zu den Vorteilen zählen beispielsweise verbesserte Sicherheitsverfahren durch die Erkennung von Anomalien, prädiktive Szenarien zur Optimierung von Lieferketten oder die Identifizierung illegalen Verhaltens wie Betrug. Gleichzeitig müssen sich Unternehmen der potenziellen Risiken bewusst sein. Verzerrungen in den Trainingsdaten können zu diskriminierenden Entscheidungen des KI-Systems führen. Fehlerhaftes Datenmanagement oder Fehlinterpretationen der Ergebnisse können schwerwiegende Folgen haben. Um diese Herausforderungen zu meistern, ist ein tiefgreifendes Verständnis der zugrundeliegenden Technologien und Methoden erforderlich. Regelmäßige

Schulungen der Mitarbeiter und die Zusammenarbeit mit erfahrenen KI-Experten können dazu beitragen, Risiken frühzeitig zu erkennen und zu minimieren.

Bei der Nutzung von KI und anderen fortschrittlichen Analysemethoden ist es wichtig, sowohl branchenspezifische als auch allgemeine Hindernisse, Förderfaktoren, Risiken und Vorteile zu verstehen. Im Gesundheitswesen könnte der Einsatz von KI beispielsweise zu einer schnelleren und präziseren Diagnose von Krankheiten führen. Gleichzeitig besteht jedoch das Risiko von Datenschutzverletzungen oder Fehldiagnosen. Um diese Risiken zu minimieren, könnten strenge Datenschutzrichtlinien eingeführt und regelmäßige Überprüfungen der KI-Systeme durchgeführt werden. Im Finanzwesen wiederum könnte KI zur Verbesserung der Kundenerfahrung und zur Optimierung von Investitionsentscheidungen beitragen. Hier gilt es jedoch, potenzielle Algorithmus-Verzerrungen zu berücksichtigen und eine ausreichende Transparenz und Überprüfbarkeit der Entscheidungen zu gewährleisten.

KI eröffnet einerseits neue Möglichkeiten zur Verbesserung der Cybersicherheit, etwa durch die Erkennung von Anomalien oder die automatisierte Analyse von Bedrohungen. Andererseits kann sie auch von Cyberkriminellen missbraucht werden, beispielsweise für Deepfake-gestützten Betrug oder personalisierte Phishing-Angriffe. Unternehmen müssen daher ihre Sicherheitsstrategien kontinuierlich anpassen und weiterentwickeln. Dazu gehören die Implementierung robuster Authentifizierungsverfahren, die regelmäßige Schulung der Mitarbeiter im Umgang mit KI-spezifischen Bedrohungen sowie die Integration von KI-gestützten Sicherheitslösungen in die bestehende IT-Infrastruktur. Durch einen proaktiven Ansatz und die Zusammenarbeit mit erfahrenen Cybersicherheitsexperten können Unternehmen die Risiken minimieren und die Chancen von KI in der Cybersicherheit optimal nutzen.

Eine erfolgreiche KI-Strategie erfordert zudem die Zusammenarbeit aller Beteiligten, von der Politik über die Wirtschaft bis hin zur Wissenschaft. Doch während wir uns noch mit der längst überfälligen Digitalisierung in vielen Bereichen herumschlagen, wie beispielsweise bei der Einführung der digitalen Patientenakte in Branchen wie dem Gesundheitswesen, sind andere Länder schon deutlich weiter. Es fehlt hierzulande eine gemeinsame KI-Strategie, um die Chancen dieser Technologie optimal zu nutzen und gleichzeitig die Risiken zu minimieren.

Bei der Bewertung der Chancen und Risiken einer solchen Strategie gilt es, verschiedene Aspekte zu berücksichtigen. Einerseits könnte der Einsatz von KI im Gesundheitswesen zu einer verbesserten Patientenversorgung, schnelleren Diagnosen und effizienteren Behandlungen führen.

Ein entscheidender Faktor, der den erfolgreichen Einsatz von KI in Unternehmen maßgeblich beeinflusst, ist die KI-Forschungsexzellenz. Deutschland nimmt hier im internationalen Vergleich eine Spitzenposition ein, wie eine Analyse der wissenschaftlichen Publikationen und Konferenzbeiträge zeigt. Deutsche Forscher liegen hinter ihren Kollegen aus den USA und China auf Rang drei. Auch auf institutioneller Ebene sind deutsche Hochschulen wie die TU Darmstadt, die TU München und das KIT unter den Top-50-Universitäten für KI-Forschung zu finden. Diese exzellente Forschungsleistung bildet das Fundament für eine hochwertige Ausbildung von Fachkräften und Nachwuchswissenschaftlern, die für die erfolgreiche Implementierung von KI in der Wirtschaft unerlässlich sind.

Allerdings zeigt sich eine deutliche Diskrepanz zwischen der Forschungsproduktivität und der Zahl erfolgreicher KI-Start-ups in Deutschland. Während die USA mit 73 der Top-100-KI-Start-ups klar dominieren, sind nur zwei deutsche Unternehmen in dieser Gruppe vertreten. Die Gründe dafür können vielfältig sein, etwa die Präferenz von Spitzenforschern für eine Tätigkeit in der Forschung oder in etablierten Unternehmen, ein Mangel an Risikokapital oder an Pioniergeist in der jungen Generation. Eine mögliche Lösung könnten Cluster sein, in denen Forschung, Gründungen und industrielle Kooperationen besser gedeihen als in fragmentierten, dezentralen Strukturen.

Neben der Forschungsexzellenz sind aber auch die Rahmenbedingungen für die Digitalisierung und den Umgang mit Daten entscheidend für eine erfolgreiche KI-Implementierung. Der Digitalisierungsindex zeigt, dass die Branchen in Deutschland sehr unterschiedlich digitalisiert sind und sich insgesamt nur langsam weiterentwickeln. Gerade im produzierenden und verarbeitenden Gewerbe, wo große Potenziale für KI-gestützte Automatisierung liegen, ist der Anteil der Unternehmen mit stark digitalisierten Prozessen noch gering. Auch beim Umgang mit Daten, der »Data Economy Readiness«, haben viele Unternehmen Nachholbedarf. Nur 31% der befragten Unternehmen erfüllen die Voraussetzungen, um Daten effizient für KI-Anwendungen zu nutzen. Es fehlt oft an einer umfassenden Datenspeicherung, einem effizienten Datenmanagement und klaren Richtlinien wie einer Data Governance.

Häufig zeigt sich dabei, dass zunächst eine grundlegende Digitalisierung der Prozesse notwendig ist, um die nötigen Daten und Schnittstellen für den Einsatz von KI zu schaffen.

Die Digitalisierung von Prozessen erfordert Zeit, personelle Ressourcen und finanzielle Investitionen. Unternehmen müssen ihre Mitarbeiter schulen, neue Technologien einführen und möglicherweise auch externe Expertise hinzuziehen. Viele Unternehmen verfügen jedoch nicht über ausreichend qualitativ hochwertige Daten oder haben Schwierigkeiten, diese aus verschiedenen Quellen zusammenzuführen.

Um diese Hürde zu überwinden, müssen Unternehmen eine Inventur ihrer Datenbestände vornehmen und Strategien entwickeln, um Daten effektiv zu sammeln, zu bereinigen und zu strukturieren. Dies kann die Einführung neuer Datenmanagement-Systeme, die Standardisierung von Datenformaten und die Etablierung von Datenqualitätskontrollen erfordern.

Eine zusätzliche Herausforderung bei der erfolgreichen Einführung von KI ist der Mangel an qualifizierten Fachkräften. Die Entwicklung und Implementierung von KI-Systemen erfordert spezielle Kenntnisse und Fähigkeiten, die am Arbeitsmarkt oft knapp sind. Unternehmen stehen vor der Schwierigkeit, KI-Experten zu finden und zu binden oder ihre bestehenden Mitarbeiter entsprechend weiterzubilden.

Um den Fachkräftemangel zu adressieren, sind Investitionen in Aus- und Weiterbildung unerlässlich. Unternehmen können durch interne Schulungsprogramme, die Zusammenarbeit mit Hochschulen und die Förderung von KI-bezogenen Studiengängen dazu beitragen, die nötigen Kompetenzen aufzubauen. Auch die Politik ist gefordert, durch eine verstärkte Förderung von KI-Studiengängen und -Forschung sowie durch Anreize für lebenslanges Lernen die Fachkräftebasis zu stärken.

Deutschland steht an einem Scheideweg. KI wird die Zukunft in allen Bereichen von Wirtschaft und Gesellschaft prägen. Es gilt jetzt, die Weichen richtig zu stellen, um diese Schicksalstechnologie im Sinne des Gemeinwohls zu gestalten. Dafür braucht es Mut, Weitsicht und die Bereitschaft, Chancen und Risiken offen zu diskutieren. Nur mit einer überzeugenden Vision und konsequenter Umsetzung kann Deutschland seine exzellente Forschung in KI in wirtschaftlichen Erfolg übersetzen und im globalen Wettbewerb bestehen.

Die Bewertung der Chancen und Risiken einer KI-Strategie erfordert eine offene und ehrliche Debatte, die alle relevanten Stakeholder einbezieht. Es braucht Führung und Mut, um dieses Thema anzupacken und die notwendigen Weichen für die Zukunft zu stellen. Nur so können wir das volle Potenzial von KI ausschöpfen und gleichzeitig sicherstellen, dass diese Technologie im Sinne der Gesellschaft eingesetzt wird.

Quintessenz

Die Einführung von Künstlicher Intelligenz bietet Unternehmen enorme Chancen, birgt aber auch Risiken. Ein interdisziplinäres Team sollte potenzielle Risiken analysieren und priorisieren. Ein solider Governance-Rahmen mit klaren Richtlinien und Kontrollen bildet die Basis für die erfolgreiche Implementierung und Überwachung von KI-Systemen. Unternehmen müssen sich sowohl der Vorteile als auch der Herausforderungen bewusst sein und branchenspezifische Aspekte sowie Cybersicherheitsrisiken berücksichtigen.

Obwohl Deutschland in der KI-Forschung eine Spitzenposition einnimmt, zeigt sich eine Diskrepanz zwischen Forschungsexzellenz und erfolgreichen KI-Start-ups. Auch bei der Digitalisierung und dem Umgang mit Daten besteht vielerorts Nachholbedarf. Investitionen in die Prozessanalyse und -digitalisierung sowie eine gründliche Datenkontrolle sind unerlässlich. Unverzichtbar ist die Etablierung eines robusten Governance-Rahmens mit klaren Richtlinien, Prozessen und Zuständigkeiten rund um den KI-Einsatz. Die Potenziale und möglichen Herausforderungen müssen dabei stets ganzheitlich betrachtet werden. Im Vorfeld ist eine sorgfältige Analyse der betrieblichen Prozesse samt deren Digitalisierung und der vorhandenen Datenbestände angezeigt. Nicht zuletzt braucht es erhebliche Investitionen in die Aus- und Weiterbildung qualifizierter KI-Fachkräfte, sowohl bei Mitarbeitern als auch im Topmanagement.

11 Interne Kommunikation: KI-Policy im Unternehmen

Interne Kommunikation spielt eine entscheidende Rolle bei der Durchführung und dem Erfolg von Veränderungsprozessen in Unternehmen. Gleichzeitig gewinnt die interne Kommunikation und die Etablierung entsprechender Kommunikationskanäle in den meisten Unternehmen allgemein rapide an Bedeutung. Doch gerade in den Situationen, wo es am meisten darauf ankommt, bei Themen, die typischerweise Mitarbeiterinnen und Mitarbeiter verunsichern, treten Unternehmen einen Schritt zurück. Nicht nur im Krisenfall. Auslöser sind die Verwebungen mit betrieblichen Rechtspflichten und Aspekten des Arbeitsrechts. Verpflichtende Verfahrensanweisungen, Verbote und Gebote für die Belegschaft werden dann typischerweise in einem Townhall-Meeting begründet und erklärt. Jedoch selten unter Beteiligung der Belegschaft erarbeitet. Dafür mag es im Einzelfall gute Gründe geben, dennoch gilt: Die interne Kommunikation stellt im besten Fall nicht nur klare, konsistente und transparente Informationen bereit. Sie informiert nicht nur, sondern engagiert und befähigt die Mitarbeiter, Teil des Wandels zu sein. Dazu gehört eine frühzeitige Einbindung. Idealerweise sollte die Kommunikation bereits in den frühesten Phasen der Planung eines Veränderungsprozesses einsetzen. Dies verhindert Gerüchte und Missverständnisse und fördert ein Klima des Vertrauens.

Insbesondere bei Veränderungen, die den Arbeitsvertrag um neue Regeln und Pflichten ergänzen, reicht es daher nicht aus, nur zu informieren. Die frühzeitige Möglichkeit zur Partizipation der Belegschaft führt oft zu überraschenden Einblicken in Mitarbeiter-Perspektiven und wertvollen Vorschlägen. Natürlich gibt es zwingende Rechtsthemen oder betriebliche Interessen, die Sie nicht basisdemokratisch diskutieren können oder wollen. Und auch eine KI-Policy, die im Mittelpunkt dieses Kapitels steht, wird bald von der Kür zur Pflicht für Unternehmen. Nutzen Sie also jede Gelegenheit für eine rechtzeitige, bidirektionale interne Kommunikation. Nicht alle Mitarbeiter nehmen Informationen auf die gleiche Weise auf, und wenn Sie nicht kommunizieren, macht dies der berühmt-berüchtigte Flurfunk. Gerüchte und widersprüchliche Nachrichten können dabei erhebliche Verwirrung stiften und das Vertrauen in das Management untergraben.

Aus dem Blickwinkel der Geschäftsleitung spielen auch die weiteren Führungskräfte in Ihrer Organisation eine Schlüsselrolle. Diese sind nicht nur Sender, sondern auch Empfänger von Botschaften und nah dran. Ihre idealtypische Aufgabe ist es, die Kommunikation zu leben und zu vermitteln, den Mitarbeitern zuzuhören und sie aktiv in den Veränderungsprozess einzubeziehen. Ihre Glaubwürdigkeit und ihr Engagement sind ausschlaggebend für den Erfolg der internen Kommunikation. Und sie sind Ihre beste Antenne und Ihr Frühwarnsystem für Verunsicherung oder Widerstände in der Belegschaft. Dies funktioniert aber nur mit Vertrauen und rechtzeitiger Einbindung. Ein Briefing für Führungskräfte erst kurz vor einer Mitarbeiterversammlung ist meist eindeutig zu spät und schwächt deren Rolle.

Zur Künstlichen Intelligenz haben die meisten Ihrer Mitarbeitenden bereits heute eine erste Meinung, meist auf Basis der Medienberichterstattung oder durch Social Media. Denn die Mehrheit der Deutschen, Österreicher oder Schweizer haben noch nicht aktiv damit gearbeitet. Im April 2024 ermittelte eine repräsentative Umfrage für die Deutsche Presse Agentur, dass 56 Prozent der Deutschen noch sehr zurückhaltend gegenüber der KI sind und mehr Befragte Risiken als Chancen sehen. Die Unternehmen sieht man fast überwiegend schlecht oder sehr schlecht aufgestellt, und ein signifikanter Teil des Panels äußerte, noch keine klare Vorstellung von KI zu haben. Solche Umfragen darf man bei neuen Technologien sicherlich nicht überbewerten, und die sich teils widersprechenden Ergebnisse deuten darauf hin, dass der Begriff KI diffus verstanden und benutzt wird. Zumindest unter Arbeitnehmerinnen und Arbeitnehmern werden verstärkte eigene KI-Erfahrungen

11 Interne Kommunikation: KI-Policy im Unternehmen

am Arbeitsplatz zu abweichenden Umfrageergebnissen führen. Dennoch sollten Sie in der Breite Ihrer Belegschaft immer davon ausgehen, dass eine mehr oder weniger ausgeprägte Verunsicherung über die Auswirkungen der Künstlichen Intelligenz auf die Arbeitswelten im Unternehmen und den eigenen Arbeitsplatz besteht. Erste Medien-Schlagzeilen über Personalabbau aufgrund neu eingeführter KI-Prozesse werden ebenso wahrgenommen wie die politische Debatte und die teils dystopischen Analysen von Wirtschafts- und Arbeitsmarktexperten. Gleich mehrere gute Gründe für eine proaktive interne Kommunikation.

Während Sie also – im Zusammenspiel zwischen Geschäftsleitung, Rechtsabteilung, Personalabteilung, Unternehmenskommunikation und IT – an einer KI-Policy arbeiten, empfehlen sich bereits regelmäßige Informationsveranstaltungen für die Belegschaft, mit Vorstellung einer Roadmap und möglichst hoher Transparenz über Ihre Ziele. Es lohnt sich, schon in dieser frühen Phase Schulungs- und Fortbildungsangebote zu unterbreiten und externe Experten einzuladen. Etablieren Sie neben diesen Veranstaltungen eine niedrigschwellige Plattform für Fragen und Vorschläge, die auch wirklich mit Leben gefüllt wird. Immer eine gute Idee sind auch prozessbegleitende Sammlungen von Fragen und Antworten zur künftigen KI-Nutzung im Intranet. Für alle diese Maßnahmen bekommt die Unternehmenskommunikation eine wichtige Rolle. Motivieren Sie Ihr Team der Presse- und Öffentlichkeitsarbeit, diese Rolle anzunehmen und dafür eigene Kompetenzen – im Sinne eines Excellence-Centers – aufzubauen.

Dass Ihre KI-Policy von der Kür zur Pflicht wird, liegt an den künftigen Rechtspflichten für Unternehmen und den rechtlichen Risiken, die eine betriebliche KI-Nutzung mit sich bringt. Drehen Sie das Thema aber bevorzugt ins Positive. Pflichten, Gebote und Verbote sind unumgänglich, nehmen einer innovativen Zukunftstechnologie aber gleich die Magie. Formulieren Sie daher Ihre Leitlinien zur KI-Nutzung immer optimistisch und mit einem empathischen Blick auf die für Ihre Mitarbeiter besonders relevanten Aspekte. Selbst wenn sich Ihre unternehmerische KI-Strategie sicherlich in den nächsten Jahren dynamisch entwickelt, verbinden Sie von Anfang an die identifizierte Rolle der Künstlichen Intelligenz mit der Mission und Vision Ihres Unternehmens. Aber eins ist auch klar: Ein zentraler Bestandteil der KI-Policy sollte das Risikomanagement sein. Es gilt Verfahren zu entwickeln und festzuschreiben, um potenzielle Risiken frühzeitig zu identifizieren, ihre Auswirkungen zu bewerten und geeignete Gegenmaßnahmen zu ergreifen. Dies schließt auch die Überwachung der Einhaltung gesetzlicher Vorgaben und interner Richtlinien ein. Nur durch regelmäßige Audits und Updates der KI-Systeme kann sichergestellt werden, dass die KI-Praktiken Ihres Unternehmens stets den aktuellen Anforderungen entsprechen. Es muss klar sein, inwieweit KI-Systeme Entscheidungen treffen und wer für diese Entscheidungen verantwortlich ist. Transparente Prozesse sind essenziell, um Vertrauen in die Technologie zu schaffen und ihre Akzeptanz zu fördern. Und die Künstliche Intelligenz sollte in Ihrem Unternehmen die Entscheidungsfreiheit und Autonomie der Mitarbeiterinnen und Mitarbeiter respektieren und unterstützen, anstatt sie zu untergraben.

Die empfohlene inhaltliche Struktur Ihrer KI-Policy versteht sich als roter Faden, von der Vision und den strategischen Zielen, über die gemeinsamen ethischen und betrieblichen Grundverständnisse hin zu den konkreten Maßnahmen und zu verankernden Verfahrensanweisungen. Dabei können Sie sich durchaus an den Grundsatzpapieren und Richtlinien von Verbänden und vor allem den großen Medienunternehmen orientieren. Denn es eint Sie der Wunsch, dass die KI-Welten der Zukunft den Menschen, Ihren Mitarbeitern, zu Gute kommen und der gemeinsame Weg ethisch verantwortungsvoll beschritten wird. Es gibt daher fünf bewährte Säulen, die Sie in Ihrer Policy berücksichtigen sollten: das Vertrauen, das Verständnis von KI, die Transparenz, der Faktor Mensch und natürlich der Umgang mit Datenschutz und Urheberrecht. Achten Sie bei Ihren Formulierungen aber bitte immer darauf, dass Sie sich nicht zu weit von der existierenden Betriebskultur und der von den Mitarbeitenden erlebten Realität entfernen. Eine Policy, die als »abgehoben« und schwer umsetzbar empfunden wird, verfehlt ihre positive und motivierende Wirkung.

Ein verantwortungsvoller Umgang mit KI-Lösungen darf das Vertrauen in die Wahrhaftigkeit Ihrer internen wie externen Kommunikation nicht gefährden. Vertrauen durch Mitarbeiter, Kunden und Geschäftspartner ist Ihre härteste Währung. Formulieren Sie daher Regeln, die den verdeckten Einsatz von Künstlicher Intelligenz ablehnen – auch wenn damit im konkreten Einzelfall legitime Zwecke verfolgt werden sollen. Dies betrifft nicht nur künstlich generierte Bilder, Videos, synthetische oder geklonte Sprachaufnahmen oder »Deep Fakes«, sondern auch den KI-Einsatz bei Präsentationen und Entscheidungsvorlagen.

Geschäftsführung und Belegschaft sollten mit Hilfe der KI-Policy ein gemeinsames Verständnis von KI festigen. Bei allen Veränderungen, die diese Technologie mit sich bringt, sollten KI-Systeme vorrangig als sinnvolle und hilfreiche Werkzeuge verstanden werden, die unsere Arbeit unterstützen, erleichtern und verbessern können. Dieses Verständnis der KI als Werkzeug ist auch die Brücke zum Verständnis für eine notwendige Regulierung: Selbstverständlich setzen Sie im Unternehmen nur solche KI-Lösungen ein, die rechtlich zulässig sind und deren Verwendung ethisch vertretbar ist.

Eine wichtiger Grundsatz der rechtlichen Rahmenbedingungen, aber vor allem eine der wichtigsten vertrauensbildenden Maßnahmen, ist die Transparenz. Jeder Einsatz von KI, der über den reinen Werkzeugansatz hinausgeht, sollte daher transparent gekennzeichnet sein. Auch Ihren Kunden und Partnern gegenüber. Aber natürlich vor allem rund um Ihr wichtigstes Kapital – Ihre Mitarbeiterinnen und Mitarbeiter. Weder beim Bewerbungsprozess, bei der Karriere- und Gehaltsentwicklung, noch bei der regelmäßigen Leistungsbewertung sollte die Nutzung Künstlicher Intelligenz ein Anlass für Gerüchte und Verunsicherung sein.

Der Faktor Mensch spielt eine wichtige Rolle und ist ein zentrales Element Ihrer KI-Policy. Die menschliche Kontrolle des KI-Einsatzes in Ihrem Unternehmen ist für Vertrauenswürdigkeit, Qualität und Ethik unerlässlich. Formulieren Sie daher Prinzipien für diese menschliche Steuerung und die stete, gemeinsame Qualitätssicherung von durch die KI erzeugten Inhalten und Ergebnissen.»Human in the loop«, so der internationale Fach-Terminus, ist nicht nur ein Beruhigungs-Tropfen für besorgte Mitarbeiter. Dieses Prinzip dürfte angesichts der bereits im ersten Teil dieses Buches skizzierten Debatte über General AI und Super-Intelligenz zu einem entscheidenden Faktor künftiger KI-Gesetzgebung und -Regulierung werden. Akzeptanz oder Ablehnung der KI, Vorfreude oder Sorge, Skepsis oder Engagement Ihrer Mitarbeiterinnen und Mitarbeiter bei der Etablierung Künstlicher Intelligenz im Unternehmen hängen ein Stück weit von Ihrer glaubwürdigen Verankerung und Vermittlung dieses Prinzips ab.

Datenschutz und Urheberrecht sind für juristische Laien oft schwer zu verstehen. Dennoch sind es wertvolle Rechtsgüter, die bei der Nutzung KI-basierter Lösungen immer gewahrt bleiben sollten. Dies zu betonen, zu erklären und in Ihrer KI-Policy zu verankern, ist deshalb so wichtig, da es derzeit rund um die Künstliche Intelligenz noch einige rechtliche Unklarheiten und Grauzonen gibt. Auch ein lohnenswertes Thema, um einen Experten einzuladen, der Ihren Mitarbeitern praktische Beispiele nahebringen kann.

Bei der Formulierung Ihrer betrieblichen KI-Grundsätze können Sie sich externe Unterstützung suchen und ein interdisziplinäres Arbeitsgremium schaffen. Dieses Vorgehen birgt jedoch wiederum Chancen und Risiken. Mangels einer fortgeschrittenen gesellschaftlichen Debatte zur Künstlichen Intelligenz polarisieren noch viele Expertenmeinungen und es besteht immer die Gefahr, dass Ihre Policy am Ende nicht mehr die eindeutige Handschrift von Ihnen als Unternehmer, Vorstand oder Geschäftsführer hat. Dies ist jedoch genauso wichtig für die Akzeptanz durch Ihr Team wie das Vertrauen in die KI-Kompetenz, bei der eingebundene Experten eine wichtige Rolle spielen können. Gehen Sie in der internen Kommunikation mit dieser Frage offen um, denn Ihre Mitarbeiterinnen und Mitarbeiter werden dies untereinander ohnehin thematisieren.

Den einzig richtigen Weg gibt es hier nicht, aber durchaus einen bewährten Rat: Benennen Sie die Mitarbeit externer Berater transparent und formulieren Sie deren Rolle nicht als Verfasser oder Co-Autoren Ihrer Policy, sondern als Sparringspartner beim Aufbau von KI-Kompetenz in der Geschäftsführung. Dies ist ehrlich, glaubwürdig und gibt auch gleich einen wichtigen Impuls: Wenn auch die Chefetage sich in Sachen Künstlicher Intelligenz weiterbildet, dann ist es auch für Mitarbeitende erstrebenswert, die angebotene Fortbildung und Qualifizierung in Anspruch zu nehmen.

In den unterschiedlichen Branchen gilt es natürliche spezifische Aspekte in den KI-Grundsätzen zu implementieren, die für die Wertebasis des Unternehmens elementar sind. Ein Automobilhersteller würde beispielsweise spezielle Richtlinien für den Einsatz von KI in der Produktion und bei autonomen Fahrzeugen verankern. Diese Richtlinien konzentrieren sich dann auf Sicherheitsstandards und die Verantwortlichkeit bei Fehlern oder Unfällen. Ein Finanzinstitut wiederum würde die Vermeidung eines Bias als Ziel ausgeben und die Gewährleistung der Fairness in seinen KI-Modellen betonen. Unternehmen mit einem hohen Bestand an sensiblen Kundendaten nutzen die KI-Policy zur Sensibilisierung für strenge Datenschutzrichtlinien – gerade dann, wenn KI-Systeme diese Daten verwenden sollen. Ein Krankenhausbetreiber würde einen Schwerpunkt auf den Einsatz von KI in der Diagnose und Patientenbetreuung legen und in den Richtlinien festlegen, dass alle durch KI bereitgestellten Diagnosevorschläge von qualifizierten Medizinern überprüft werden müssen.

Quintessenz

Erfolgreiche Veränderungsprozesse erfordern eine klare, konsistente und transparente Kommunikation, die bereits in den frühesten Planungsphasen eines Projekts einsetzen sollte. Die frühzeitige Einbindung und Partizipation der Belegschaft kann nicht nur zur Identifikation wertvoller Mitarbeiterperspektiven führen, sondern auch deren Engagement und Akzeptanz für den Wandel fördern. Die Rolle der Führungskräfte ist bei der Einführung Künstlicher Intelligenz entscheidend, sowohl als Sender als auch als Empfänger von Stimmungen und Fragen aus der Belegschaft. Ihre Aufgabe ist es, die Strategie und Werte zu vermitteln, Mitarbeitern zuzuhören und sie aktiv in den Veränderungsprozess einzubeziehen. Dies trägt wesentlich dazu bei, Vertrauen aufzubauen und eventuelle Widerstände gegen die KI frühzeitig zu erkennen und zu adressieren.

Es ist wichtig, die vielfältigen Ansichten und eventuellen Ängste der Mitarbeiter bezüglich Künstlicher Intelligenz ernst zu nehmen und zu adressieren. Diese haben sich oft schon aus Medienberichten, die eher Risiken als Chancen einer KI-Arbeitswelt der Zukunft betonen, eine erste Meinung gebildet. Unternehmen sollten daher proaktiv kommunizieren und eine Kultur der Offenheit und Transparenz fördern. Und mit ihrer internen Kommunikation nicht nur informieren, sondern auch motivieren und befähigen. Durch die Implementierung einer klaren, wertebebasierten KI-Policy stellen Sie sicher, dass Ihre Belegschaft die Potenziale der KI rechtssicher und risikofrei nutzen kann. Mit Optimismus!

12 Mut zur Innovation und zu Visionen

In einer Welt, die von rasanten technologischen Fortschritten geprägt ist, ist der Mut zu Innovationen und Visionen unerlässlich, um als Unternehmen erfolgreich zu sein. Doch wie können Unternehmen KI richtig nutzen und ihr volles Potenzial ausschöpfen? Die Antwort liegt in einer Kombination aus strategischem Weitblick, interdisziplinärer Zusammenarbeit und der Bereitschaft, mutige Schritte zu gehen. Dabei ist es von entscheidender Bedeutung, dass Führungskräfte ein tiefes Verständnis für die Möglichkeiten und Grenzen der Technologie entwickeln und diese Erkenntnisse in ihre Entscheidungsprozesse einfließen lassen.

Der Aufbau von KI-Fähigkeiten ist ein ko-evolutionärer Prozess, der Feedbackschleifen zwischen Daten, Algorithmen und Anwendungen erfordert. Um KI erfolgreich zu implementieren, müssen Unternehmen ihre Datenpipelines optimieren, ihre Algorithmen kontinuierlich weiterentwickeln und die KI-Nutzung demokratisieren, d. h. sie für einen breiteren Kreis von Anwendern zugänglich machen. Dieser schrittweise, iterative Ansatz ermöglicht es, KI-Lösungen schnell an sich verändernde Anforderungen anzupassen und ihre Leistungsfähigkeit stetig zu verbessern.

Koevolution bedeutet in diesem Zusammenhang, dass sich die verschiedenen Elemente eines KI-Systems - Daten, Algorithmen und Anwendungen – gegenseitig beeinflussen und gemeinsam weiterentwickeln. Es reicht nicht aus, diese Komponenten isoliert voneinander zu betrachten. Vielmehr gilt es, sie in einem iterativen Prozess aufeinander abzustimmen und kontinuierlich zu verbessern.

Am Anfang jedes KI-Projekts stehen die Daten. Unternehmen müssen Wege finden, relevante Daten zu erfassen, zu bereinigen, zu strukturieren und für die Analyse aufzubereiten. Dies erfordert oft eine Überarbeitung bestehender Datenpipelines und die Einführung neuer Tools und Prozesse. Als Unternehmenslenker sollten Sie eng mit Ihren Datenexperten zusammenarbeiten, um zu verstehen, welche Daten für Ihre KI-Ziele benötigt werden und wie diese effizient bereitgestellt werden können. Investieren Sie in Dateninfrastrukturen und stellen Sie sicher, dass Datenqualität und -konsistenz kontinuierlich überwacht und verbessert werden. Denken Sie auch über Möglichkeiten nach, externe Datenquellen anzuzapfen, um Ihre internen Daten zu ergänzen.

Auf Basis der aufbereiteten Daten gilt es nun, geeignete KI-Algorithmen zu entwickeln und zu trainieren. Dies erfordert spezialisiertes Fachwissen und eine enge Zusammenarbeit zwischen Datenexperten und Fachbereichen. Die Algorithmen müssen kontinuierlich getestet, verfeinert und an neue Anforderungen angepasst werden. Als Unternehmenslenker sollten Sie die Entwicklung von KI-Algorithmen aktiv unterstützen und die dafür notwendigen Ressourcen bereitstellen. Fördern Sie den Dialog zwischen Datenexperten und Fachbereichen, um sicherzustellen, dass die Algorithmen die tatsächlichen Geschäftsanforderungen widerspiegeln. Etablieren Sie klare Prozesse für die Evaluierung und Weiterentwicklung der Algorithmen und stellen Sie sicher, dass ethische Standards eingehalten werden.

Schließlich geht es darum, die entwickelten KI-Lösungen in die Breite zu tragen und für konkrete Anwendungsfälle zu skalieren. Dies erfordert oft Anpassungen an bestehende Prozesse und Systeme sowie die Schulung von Mitarbeitern im Umgang mit den neuen Tools. Der Aufbau von KI-Fähigkeiten ist kein linearer Prozess, sondern erfordert ein kontinuierliches Zusammenspiel zwischen Daten, Algorithmen und Anwendungen. Feedbackschleifen und die Bereitschaft, aus Erfahrungen zu lernen und Anpassungen vorzunehmen, sind entscheidend. Als Unternehmenslenker kommt Ihnen die Aufgabe zu, diesen ko-evolutionären Prozess zu orchestrieren und die notwendigen Rahmenbedingungen zu schaffen.

Scheuen Sie sich nicht davor, externe Expertise hinzuzuziehen und von den Erfahrungen anderer Unternehmen zu lernen. Der

Aufbau von KI-Fähigkeiten erfordert oft neue Formen der Zusammenarbeit und den Mut, etablierte Denkmuster zu hinterfragen. Aber es lohnt sich. Denn wenn es Ihnen gelingt, KI-Fähigkeiten systematisch und ko-evolutionär in Ihrem Unternehmen aufzubauen, erschließen Sie sich eine wertvolle Quelle für Innovation und Wettbewerbsfähigkeit.

Ein schrittweiser, inkrementeller Ansatz hat sich dabei als erfolgversprechend erwiesen. Anstatt zu versuchen, alles auf einmal zu verändern, empfiehlt es sich, mit kleineren, überschaubaren Projekten zu beginnen und die KI-Fähigkeiten nach und nach auszubauen. So können Risiken minimiert, Erfahrungen gesammelt und die Organisation Schritt für Schritt an die neuen Technologien herangeführt werden.

Studien zur mutigen und innovationsoffenen Einführung von KI im Unternehmen haben erweiterte zentrale Kompetenzen für erfolgreiche Manager identifiziert. Diese Kompetenzen sind entscheidend, um KI erfolgreich in Unternehmen zu etablieren und ihr volles Potenzial auszuschöpfen. Lassen Sie uns jeden dieser Bereiche näher beleuchten und erkunden, wie Sie diese Fähigkeiten in Ihrem eigenen Führungsrepertoire entwickeln können.

Eine fundierte Kenntnis der KI-Technologie ist die Grundlage für ihren erfolgreichen Einsatz. Als Führungskraft müssen Sie die Möglichkeiten und Grenzen von KI verstehen, um ihre Anwendungspotenziale realistisch einschätzen zu können. Dazu gehört ein Grundverständnis von Konzepten wie maschinelles Lernen, neuronale Netze und Deep Learning. Ein erster Schritt zur Aneignung von KI-Wissen ist die Lektüre einschlägiger Fachliteratur. Es gibt eine Vielzahl von Büchern, die sich mit den Grundlagen von KI, ihren Anwendungsgebieten und den damit verbundenen Herausforderungen beschäftigen. Auch Fachzeitschriften und Online-Publikationen bieten wertvolle Einblicke in aktuelle Entwicklungen und Trends im Bereich der KI.

Für Führungskräfte, die einen ersten Überblick gewinnen möchten, empfehlen sich populärwissenschaftliche Werke, die KI-Konzepte anschaulich und verständlich erklären. Wer tiefer in die Materie einsteigen möchte, kann auf akademische Publikationen und Fachbücher zurückgreifen, die sich detaillierter mit spezifischen Aspekten von KI auseinandersetzen.

Eine weitere Möglichkeit, sich KI-Wissen anzueignen, sind Online-Kurse und Lernplattformen. Anbieter wie Coursera, edX oder Udacity bieten eine Vielzahl von Kursen zu KI-Themen an, die von renommierten Universitäten und Experten entwickelt wurden. Diese Kurse vermitteln sowohl theoretische Grundlagen als auch praktische Anwendungen von KI und ermöglichen es den Teilnehmern, ihr Wissen in einem strukturierten Lernumfeld aufzubauen.

Der Besuch von Konferenzen und Seminaren zum Thema KI bietet Führungskräften die Möglichkeit, sich über aktuelle Entwicklungen und Best Practices zu informieren und wertvolle Kontakte zu knüpfen. Auf diesen Veranstaltungen teilen Experten aus Wissenschaft und Praxis ihre Erfahrungen und diskutieren die Herausforderungen und Chancen von KI für Unternehmen. Ein tiefes Verständnis von KI entwickelt sich oft am besten durch den direkten Austausch mit Experten auf diesem Gebiet. Führungskräfte sollten daher den Kontakt zu Datenwissenschaftlern, Softwareentwicklern und Forschern suchen, die sich intensiv mit KI beschäftigen. Durch Gespräche und Diskussionen können sie ein Gefühl für die Materie bekommen, Fragen stellen und Unklarheiten ausräumen.

Der direkte Austausch mit KI-Experten kann im Rahmen von Konferenzen, Seminaren oder auch durch gezielte Netzwerkaktivitäten erfolgen. Auch die Zusammenarbeit mit KI-Dienstleistern oder Forschungseinrichtungen kann wertvolle Einblicke liefern und dazu beitragen, das eigene Verständnis von KI zu vertiefen.

12 Mut zur Innovation und zu Visionen

Das Feld der künstlichen Intelligenz entwickelt sich rasant weiter. Führungskräfte, die auf diesem Gebiet erfolgreich sein wollen, müssen bereit sein, kontinuierlich zu lernen und ihr Wissen auf dem neuesten Stand zu halten. Dies erfordert ein hohes Maß an Eigeninitiative und die Bereitschaft, sich immer wieder mit neuen Konzepten und Technologien auseinanderzusetzen. Neben der theoretischen Wissensaneignung ist es auch wichtig, das Gelernte in der Praxis anzuwenden. Führungskräfte sollten nach Möglichkeiten suchen, KI-Projekte in ihrem Unternehmen anzustoßen und aktiv zu begleiten. Durch die praktische Auseinandersetzung mit KI können sie wertvolle Erfahrungen sammeln, Herausforderungen erkennen und Lösungsansätze entwickeln. Die Aneignung von KI-Wissen ist für Führungskräfte heute unverzichtbar, um in einer zunehmend digitalen Geschäftswelt erfolgreich zu sein. Durch die Kombination verschiedener Lernstrategien – von der Lektüre von Fachliteratur über den Besuch von Konferenzen bis hin zum direkten Austausch mit Experten – können sie schrittweise ein fundiertes Verständnis von KI entwickeln. Dabei ist es wichtig, kontinuierlich am Ball zu bleiben und das erworbene Wissen in der Praxis anzuwenden. Nur so können Führungskräfte die Potenziale von KI für ihr Unternehmen voll ausschöpfen und zukunftsfähige Entscheidungen treffen. Der Weg zum KI-Experten mag herausfordernd sein, doch er lohnt sich – für die persönliche Weiterentwicklung ebenso wie für den langfristigen Erfolg des Unternehmens.

KI eröffnet völlig neue Möglichkeiten – aber auch Herausforderungen. Um diese zu meistern, braucht es eine offene, experimentierfreudige Denkweise. Seien Sie bereit, Neues auszuprobieren, Risiken einzugehen und auch mal Rückschläge in Kauf zu nehmen. Eine positive Einstellung gegenüber Veränderungen und die Bereitschaft, aus Fehlern zu lernen, sind unverzichtbar. Fördern Sie diese Denkweise, indem Sie eine Kultur des kontinuierlichen Lernens in Ihrem Team etablieren. Ermutigen Sie Ihre Mitarbeiter, neue Ideen einzubringen, Experimente zu wagen und unkonventionelle Ansätze auszuprobieren. Feiern Sie Erfolge, aber stehen Sie auch in schwierigen Phasen hinter Ihrem Team. Eine positive Fehlerkultur, in der Rückschläge als Chancen zum Lernen begriffen werden, ist der Nährboden für Innovationen. Um diese Fähigkeiten zu stärken, sollten Sie sich intensiv mit Best Practices und Fallstudien zum Einsatz von KI beschäftigen. Suchen Sie den Austausch mit anderen Führungskräften, die bereits Erfahrungen mit der Implementierung von KI gesammelt haben. Entwickeln Sie ein Gespür dafür, wie Sie KI-Projekte erfolgreich aufsetzen, kommunizieren und steuern können. Lernen Sie, die Bedenken Ihrer Mitarbeiter ernst zu nehmen und proaktiv anzusprechen. Und machen Sie sich bewusst, dass der Einsatz von KI auch ethische Fragen aufwirft, für die Sie als Führungskraft Verantwortung tragen.

KI-Projekte erfordern die Fähigkeit, auf verschiedenen Abstraktionsebenen zu denken und zu handeln. Als Führungskraft müssen Sie in der Lage sein, sowohl das große Ganze im Blick zu behalten als auch ins Detail zu gehen. Sie müssen strategische Entscheidungen treffen, ohne die operativen Herausforderungen aus den Augen zu verlieren. Schulen Sie Ihr Abstraktionsvermögen, indem Sie sich immer wieder bewusst zwischen unterschiedlichen Perspektiven hin- und herbewegen. Betrachten Sie KI-Projekte sowohl aus der Vogelperspektive als auch aus der Nahansicht. Stellen Sie sich Fragen wie: Welche langfristigen Ziele verfolgen wir mit dem Einsatz von KI? Wie fügt sich das konkrete Projekt in unsere Gesamtstrategie ein? Welche technischen, organisatorischen und personellen Herausforderungen gilt es im Tagesgeschäft zu meistern?

Entwickeln Sie ein Gespür dafür, auf welcher Ebene Sie gerade navigieren müssen, und üben Sie den flexiblen Wechsel zwischen den Perspektiven. Eine der größten Stärken von KI liegt darin, Entscheidungsprozesse zu unterstützen und zu verbessern. Als Manager müssen Sie in der Lage sein, die Ergebnisse von KI-Analysen zu interpretieren und in Ihre Entscheidungen

12 Mut zur Innovation und zu Visionen

einfließen zu lassen. Gleichzeitig gilt es, die Grenzen und möglichen Verzerrungen von KI-basierten Entscheidungsgrundlagen kritisch zu hinterfragen.

Mutige Visionen erfordern oft auch ein Umdenken im Innovationsmanagement selbst. KI-Technologien eröffnen völlig neue Möglichkeiten, den Innovationsprozess zu gestalten. Generative KI kann beispielsweise eingesetzt werden, um in der Ideenfindungsphase eine Vielzahl von Konzepten und Ansätzen zu generieren. Durch die Analyse von Marktdaten, Kundenanforderungen und technologischen Trends kann die KI Ideen entwickeln, die möglicherweise noch nicht im Fokus des Innovationsteams standen. Diese Ideen können dann als Ausgangspunkt für weitere Diskussionen und Verfeinerungen dienen.

Auch in späteren Phasen des Innovationsprozesses kann Generative KI wertvolle Unterstützung leisten. So können KI-Modelle eingesetzt werden, um Produktkonzepte zu visualisieren, Prototypen zu erstellen oder sogar ganze Forschungsarbeiten zu unterstützen. Durch die Automatisierung bestimmter Aufgaben können Innovationsteams ihre Ressourcen effizienter einsetzen und sich auf die kreative Weiterentwicklung ihrer Ideen konzentrieren. Um sicherzustellen, dass KI verantwortungsvoll und zum Wohle der Gesellschaft eingesetzt wird, müssen auch ethische Aspekte von Anfang an mitgedacht werden. Das betrifft Fragen des Datenschutzes und der Transparenz ebenso wie mögliche Auswirkungen auf den Arbeitsmarkt. Hier sind Politik, Wirtschaft und Wissenschaft gleichermaßen gefordert, gemeinsam Lösungen zu entwickeln – etwa in Form von Regulierungen, Zertifizierungen oder neuen Versicherungsmodellen. KI ist zweifelsohne eine Technologie, die das Potenzial hat, unser aller Leben grundlegend zu verändern. Um dieses Potenzial voll auszuschöpfen, müssen Unternehmen jetzt die Weichen stellen. Der Weg zu einer erfolgreichen KI-Integration mag herausfordernd sein, doch die Mühe lohnt sich. Unternehmen, die jetzt beherzt die Weichen stellen, werden die Märkte von morgen prägen.

Quintessenz

Die erfolgreiche Einführung von KI erfordert Mut, Vision und die Bereitschaft, neue Wege zu gehen. Unternehmen sollten einen schrittweisen, ko-evolutionären Ansatz wählen, der Daten, Algorithmen und Anwendungen verbindet. Dabei gilt es, die Mitarbeiter aktiv einzubinden und in ihre Fähigkeiten zu investieren.

Führungskräfte müssen spezifische Kompetenzen entwickeln, um KI erfolgreich zu implementieren. Dazu gehören ein tiefes Verständnis der Technologie, eine offene Denkweise, die Fähigkeit, KI-spezifische Führungsaufgaben zu übernehmen und auf verschiedenen Abstraktionsebenen zu navigieren sowie die Kompetenz, KI-basierte Entscheidungen zu treffen. Um das volle Potenzial von KI auszuschöpfen, ist ein Umdenken im Innovationsmanagement erforderlich.

Unternehmen sollten jetzt handeln, um die Weichen für eine erfolgreiche KI-Zukunft zu stellen. Dazu braucht es engagierte Mitarbeiter und Führungskräfte, die mit Weitblick und Entschlossenheit vorangehen. Diejenigen, die jetzt mutig vorangehen und KI als integralen Bestandteil ihres Innovationsmanagements begreifen, werden in Zukunft einen entscheidenden Wettbewerbsvorteil haben. Sie können schneller auf Marktveränderungen reagieren, Kundenbedürfnisse besser antizipieren und Innovationen hervorbringen, die neue Maßstäbe setzen. Der Weg mag herausfordernd sein, aber er lohnt sich – für Unternehmen, Mitarbeiter und Gesellschaft gleichermaßen.

13 Ein Blick in die Welt: Impulse und Blaupausen

Auch bei Künstlicher Intelligenz dominieren US-amerikanische Tech-Konzerne: Dieser Eindruck ist richtig und falsch zugleich. Weltweit gibt es spannende KI-Projekte und Fallstudien, die ihren Ursprung teils schon lange vor dem »ChatGPT-Moment« haben und oftmals unabhängig von den prominenten kommerziellen Lösungen der sogenannten Tech-Giganten sind. Andererseits ist es sicherlich unstrittig, dass wir eine Kluft zwischen Forschungsanstrengungen und der späteren hochskalierten Vermarktung haben. Lassen wir unseren Blick dagegen einmal unvoreingenommen – auch jenseits der Industrienationen und Großkonzerne – streifen, entdecken wir zahlreiche smarte und innovative KI-Projekte auch in Entwicklungsländern und bei kleinen und mittelständischen Unternehmen. Die Künstliche Intelligenz wird gerade im Globalen Süden, auf dem afrikanischen Kontinent, aber auch in asiatischen Entwicklungs- und Schwellenländern mit großer Offenheit als Chance begriffen und in vielfältiger Art und Weise adaptiert. Auf der Suche nach Impulsen und Blaupausen für Unternehmerinnen und Unternehmer stoßen wir natürlich auch immer wieder auf Digitalisierungsprojekte, die aus Marketing-, Förder- und Finanzierungsgründen mit dem Label KI versehen werden. Das Füllhorn an beeindruckenden, visionären und mutigen KI-Initiativen, aus dem wir uns in diesem Kapitel bedienen, ist aber gut gefüllt.

Es liegt in der Natur der Sache, dass es in einem hochindustrialisierten Umfeld bei KI-Strategien häufig um Effizienz-Steigerung und potenzielle Kostensenkung geht. Aber auch um Echtzeit-Betrugserkennung oder fortschrittliche Diagnostik in der Medizin. Für die restliche Welt stehen Chancen und Bildung, Infrastruktur und Ressourcenschutz im Mittelpunkt. Uns alle betreffen KI-Projekte zum Klima-, Umwelt- und Artenschutz, die oftmals hervorragende Beispiele für Datenanalytik sind und deswegen auch strategische Impulse geben können. Der Erfolg von KI-Projekten, das zeigt die Mehrzahl der nachfolgend vorgestellten Fallbeispiele, hängt stark von der Qualität und Quantität der verfügbaren Daten ab. Unternehmen, die Zugang zu umfangreichen und gut organisierten Daten haben, sind in einer besseren Position, die Vorteile von KI voll auszuschöpfen. Die Künstliche Intelligenz begegnet uns typischerweise entlang der Wertschöpfungskette: im Bereich Forschung, im Design und der Produktentwicklung, in Fertigung und Produktion, in der Mensch-Maschine-Interaktion, beim Thema Wartung, in der Qualitätssicherung, beim Ressourcenmanagement und der Steigerung der Energieeffizienz sowie bei Logistik und Transport.

Im Segment Forschung lohnt ein Blick auf das kanadische Biotechnologieunternehmen BenchSci, das mit Hilfe von KI die Effizienz der Antikörperauswahl in der Forschung verbessert, was besonders für kleinere Labore nützlich ist. Der Konzern Dow Chemical arbeitet mit Citrine Informatics zusammen, um KI für die Entwicklung neuer Materialien einzusetzen, und 3M nutzt Datenanalyse und KI, um zum Beispiel Produktentwicklungszyklen zu beschleunigen und Innovationen in neuen Materialien voranzutreiben. Die Cisco-Tochter Splunk hilft Unternehmen in Forschung und Entwicklung, große Datenmengen aus der Produktion zu analysieren und Optimierungspotenziale aufzudecken. Und Universal Robots entwickelt kollaborative Roboter, im Fachjargon Cobots genannt. BMW wiederum ist ein Nutznießer und setzt Cobots in ihren Montagelinien ein, um die Sicherheit und Produktivität zu erhöhen. Diese Beispiele zeigen drei wichtige KI-Felder in Forschung und Entwicklung: KI analysiert Kundenfeedback und Betriebsdaten, um Verbesserungen an Produkten oder Prozessen vorzuschlagen. In den Materialwissenschaften wird KI zur Entdeckung neuer Materialien mit gewünschten Eigenschaften eingesetzt und ist dabei deutlich schneller als traditionelle Methoden. Und mit Cobots entstehen

Roboter, die sicher neben Menschen arbeiten und durch KI lernen, sich an ihre menschlichen Kollegen anzupassen und die Zusammenarbeit zu verbessern.

Im Produktdesign helfen KI-Algorithmen, automatisch optimierte Designs auf Basis spezifischer Parameter wie Gewicht, Materialstärke, Haltbarkeit und Kosten zu erstellen. KI wird daneben auch zur Simulation physikalischer Prozesse und zur Vorhersage der Produktleistung unter verschiedenen Bedingungen eingesetzt. Dabei entfallen physische Prototypen. Und im 3D-Druck steuert die Künstliche Intelligenz die Prozessoptimierung für neue Fertigungsverfahren mit deutlich gesteigerter Druckeffizienz und reduziertem Materialverbrauch. ANSYS und Carbon sind zwei Entwickler, die solche KI-Lösungen für Simulation, Testing und den 3D-Druck anbieten. Nutzer auf der Industrieseite gibt es einige: Lockheed Martin zum Beispiel nutzt generatives Design zur Optimierung von Komponenten für Luft- und Raumfahrtanwendungen, um Leichtbauweise und Materialersparnis zu maximieren. Und Procter & Gamble setzt Simulationstools ein, um die Entwicklung neuer Verbraucherprodukte zu beschleunigen und die Markteinführungszeit zu verkürzen. Sportartikelhersteller Adidas wiederum verwendet 3D-Druck und KI, um maßgeschneiderte Schuhe schneller und effizienter zu produzieren. Jenseits der Konzernwelt lohnt ein Blick auf die Unternehmen nTop und Modbot, die mit KI-Design-Software speziell kleinen und mittelständischen Unternehmen helfen, komplexe Teile effizient zu gestalten und kostengünstige und modulare Robotersysteme für kleine Fertigungsbetriebe entwickeln.

Im Segment Fertigung und Produktion profitieren die vorausschauende Wartung, das Werkzeugmanagement, die automatisierte Fehlerdiagnose und die Qualitätskontrolle von der Künstlichen Intelligenz – ebenso das Supply Chain Management. KI-Systeme analysieren Maschinendaten in Echtzeit, um vorherzusagen, wann eine Wartung oder Reparatur notwendig wird, bevor Ausfälle auftreten. Auch die schnelle Diagnose und Behebung von Maschinenproblemen reduziert die Ausfallzeiten erheblich. KI-gestützte Bild- und Videoanalyse erkennt zudem Fehler oder Abweichungen in der Produktionslinie automatisch. Robotergesteuerte Automatisierungslösungen lernen, dank KI, sich anzupassen und sich wiederholende Aufgaben präziser und schneller als Menschen auszuführen. Und Lieferketten werden optimiert, Nachfrageschwankungen prognostiziert und das Bestandsmanagement automatisiert. Lösungen hierfür kommen zum Beispiel von Siemens, Fluke, MSC Industrial, Cognex, Fanuc oder Kinaxis. Im praktischen Einsatz profitieren große Konzerne wie Toyota, die mit prädiktiven Wartungssystemen die Wartungseffizienz ihrer Fertigungsanlagen steigern.

Und BP verwendet KI für die automatisierte Fehlerdiagnose in ihren Öl- und Gasanlagen. Dabei geht es nicht nur um erhöhte Effizienz, sondern auch um Sicherheit. Bei Samsung helfen KI-gestützte Bildverarbeitungssysteme bei der Qualitätskontrolle, und der US-amerikanische Handelsriese Walmart arbeitet mit Hilfe von KI an der Optimierung von Lagerbeständen und einer verbesserten Lieferlogistik. Damit nicht nur die globalen Konzerne profitieren, bietet der israelische Lösungsanbieter Seebo eine Prozessintelligenz-Plattform, die auch kleinen und mittelständischen Unternehmen hilft, Produktionsausfälle mit vorausschauender Wartung zu reduzieren. Auch der Wettbewerber Augury aus den USA hat den Mittelstand im Blick. Und die kanadische Plattform Vention ermöglicht es KMUs, ihre eigenen automatisierten Ausrüstungen mit KI-gestützten Design-Tools schnell und einfach zu entwerfen und zu bestellen.

Spannend sind auch Lösungen zur Interaktion zwischen Mensch und Maschine. Der Einsatz von KI, um Anwendungen der Augmented und der Virtual Reality zu verbessern, hilft im Unternehmenskontext den Ingenieuren und Technikern, Maschinen und Systeme effektiver zu bedienen und zu warten. Und Sprach- und Bilderkennung ermöglicht Maschinen, menschliche Anweisungen zu verstehen und darauf zu reagieren. Bei der Qualitätssicherung

13 Ein Blick in die Welt: Impulse und Blaupausen

und vor allem der Compliance hilft die Künstliche Intelligenz, die Umweltauswirkungen von Produktionsprozessen zu analysieren und zu minimieren. Und KI-Systeme tragen mit automatisiert generierten technischen Dokumentationen zur Einhaltung der Compliance bei. Eine Lösung von EcoVadis aus Frankreich hilft mit KI-gestützten Bewertungstools genau bei solch einer Überwachung der Nachhaltigkeit in der Lieferkette von Unternehmen, und Tact.ai aus den USA hilft KMUs dabei, Kundeninteraktionen effizienter zu gestalten und Vertriebszyklen zu verkürzen. Die Liste kleiner und großer Unternehmen, die verstärkt auf diesen Ansatz setzen, ist lang. Von Shell über Airbus bis Honda verzichtet kaum ein Hersteller auf diesen Qualitätssicherungs-Boost und den Einsatz von erweiterten Bedienhilfen für ihre Mitarbeiterinnen und Mitarbeiter. DHL hat dazu bereits gute Erfahrungen mit Augmented Reality bei der Kommissionierung und weiteren Lager- und Logistikarbeiten gemacht. Die regelmäßig sehr komplexe Logistik im Fulfillment, wie bei Amazon, oder die Lösung von Transportproblemen, mittels Drohnen oder autonomen Fahrzeugen, profitiert ebenfalls erheblich von Künstlicher Intelligenz.

Die meisten der erwähnten Beispiele aus dem industriellen Komplex, aus Anlagen- und Maschinenbau oder der Logistik sind Weiterentwicklungen von längst etablierten Technologieansätzen, ohne die kaum ein Unternehmen mehr wettbewerbsfähig ist. Die Künstliche Intelligenz hilft hier insbesondere mit mächtigen Fähigkeiten für umfangreiche Datenanalysen in kürzester Zeit und mit dem menschenähnlichen Talent stetig – im operativen Betrieb – hinzuzulernen. Wir haben dabei also noch längst nicht den Zenit der Effizienzsteigerung gesehen. Deutlich revolutionärer erscheint der Einsatz der KI in der Landwirtschaft und beim Vertical Framing: Blue River Technology, ein Tochterunternehmen von John Deere, hat zum Beispiel KI-gesteuerte landwirtschaftliche Roboter entwickelt, die Unkraut erkennen und gezielt bekämpfen, um den Einsatz von Chemikalien zu minimieren. Das System kann gezielt Herbizide auf Unkräuter sprühen, während es die umliegenden Pflanzen schont. Und die Traktoren und

Landmaschinen der Konzernmutter können, dank KI, den Bodenzustand in Echtzeit analysieren und so die Aussaat, Düngung und Bewässerung präzise steuern.

Beim Mega-Trend der urbanen Landwirtschaft in computergesteuerten Gewächs-Hochhäusern nutzt Agrosmart die KI, um Klimadaten, Bodenfeuchtigkeit und Pflanzenwachstumsdaten zu sammeln und zu analysieren. Diese Daten ermöglichen es Landwirten, ihre Bewässerungssysteme fernzusteuern und so Wasserressourcen optimal zu nutzen. Die Plattform bietet auch Bildanalysefunktionen, um das Wachstum der Pflanzen zu überwachen und rechtzeitig auf Probleme reagieren zu können. Und die Konzerntochter von Bayer, The Climate Corporation, ermöglicht mit der KI-Plattform »Climate FieldView« den Landwirten, virtuelle Simulationen ihrer Felder durchzuführen. Die Plattform verwendet Wetterdaten, Bodenbeschaffenheit und historische Ertragsdaten, um zu prognostizieren, wie bestimmte Anbaustrategien unter verschiedenen Bedingungen performen würden. Dies hilft Landwirten, fundierte Entscheidungen über Saatgutauswahl und Pflanzstrategien zu treffen.

In der Medizintechnik und den Kliniken sorgt der Einsatz von künstlicher Intelligenz für signifikante Fortschritte in der Diagnose und Behandlung. Kaum eine andere Branche profitiert so stark von der KI – zum Wohle der Patienten, aber auch zur Überwindung von strukturellen, kostenintensiven Problemen. Zebra Medical Vision entwickelt dafür KI-basierte Bildgebungssoftware, die Radiologen dabei unterstützt, verschiedene medizinische Zustände frühzeitig zu erkennen. Die Algorithmen analysieren Röntgenbilder, CT-Scans und MRTs, um Anomalien wie Tumore, Frakturen oder Gefäßerkrankungen zu identifizieren, oft mit einer Genauigkeit, die ein Mediziner schwer leisten kann. Auch Aidoc bietet fortschrittliche KI-Lösungen für die Radiologie, die darauf ausgelegt sind, kritische und zeitkritische Fälle in der Bildgebung schneller zu erkennen. Die Technologie kann zum Beispiel Hinweise auf Schlaganfälle, Lungenembolien und andere Notfälle hervorheben, was die Reaktionszeiten in akuten medizinischen Situationen verkürzt. Ein wichtiger Trend, der von KI profitiert, ist die personalisierte Medizin und zum Beispiel individuelle Behandlungspläne für Krebspatienten. Die Lösungen von Tempus verwenden dafür KI, um die großen Mengen an klinischen und molekulargenetischen Daten zu analysieren. Bei den damit entwickelten, personalisierten Behandlungsplänen werden individuelle Unterschiede in der Genetik, der Umwelt und im Lebensstil der Patienten berücksichtigt, um die Wirksamkeit der Behandlung zu maximieren.

In Entwicklungs- und Schwellenländern kann man ein besonders hohes Innovationspotenzial beim KI-Einsatz beobachten und von kreativen Impulsen profitieren. Zindi ist eine panafrikanische Plattform, die Datenwissenschaftler aus ganz Afrika vernetzt, um an sozialen und wirtschaftlichen Herausforderungen zu arbeiten, indem sie ihre Fähigkeiten in Wettbewerben einsetzen. Die KI-Anwendung Ubenwa aus Nigeria analysiert Babyschreie, um neurologische Probleme frühzeitig zu erkennen, was lebensrettend sein kann, besonders in Gebieten mit begrenztem Zugang zu medizinischer Versorgung. In Indien verwendet Gyan Data die KI zur Echtzeit-Überwachung der Wasserqualität, was in einem Land, in dem Wasserverunreinigung ein großes Problem darstellt, von entscheidender Bedeutung ist. Das nicht nur in Asien zu beobachtende Müllproblem hilft RecyGlo aus Myanmar mittels KI bei der Optimierung von Recyclingprozessen. In Indonesien nutzt EcoMatcher die KI-Analyse von Satellitenbildern zur Überwachung von Aufforstungsprojekten, was lokalen Unternehmen hilft, ihre Nachhaltigkeitsziele zu verfolgen. Und bahnbrechend für Indien ist die KI-Lösung Niramai zur Brustkrebsfrüherkennung, die eine strahlungsfreie, nicht-invasive Methode nutzt. Das Problemlösungs-Potenzial dieser Beispiele, die stellvertretend für eine Welle an KI-Anwendungen stehen, ist auch deshalb besonders hoch, da sie helfen, strukturelle Nachteile zu überwinden. Künstliche Intelligenz ist hier weit mehr als ein Effizienzhebel.

Quintessenz

Trotz der Dominanz amerikanischer Technologiegiganten überraschen gerade kleine und mittlere Unternehmen und Entwicklungsländer mit innovativen KI-Projekten. Künstliche Intelligenz ist ein globales Phänomen mit einem inspirierend breiten Anwendungsspektrum. In Industrieländern konzentrieren sich KI-Strategien häufig auf Effizienzsteigerung und Kostensenkung. In Entwicklungsländern steht die Anwendung von KI eher im Kontext sozialer und ökologischer Herausforderungen wie Klimaschutz und Ressourcenmanagement. Der Erfolg von KI-Projekten hängt stark von der Verfügbarkeit und Qualität von Daten ab. Unternehmen, die Zugang zu umfangreichen und gut organisierten Daten haben, können die Vorteile von KI effektiver nutzen.

KI wird entlang der gesamten Wertschöpfungskette eingesetzt, einschließlich Forschung, Design, Produktion, Qualitätssicherung, Wartung und Logistik. Innovative KI-Systeme verbessern die Interaktion zwischen Mensch und Maschine, zum Beispiel kollaborative Roboter, die sicher neben menschlichen Arbeitskräften eingesetzt werden können. Die Medizintechnik, das Gesundheitswesen, die Landwirtschaft und insbesondere die vertikale Landwirtschaft werden davon besonders profitieren. Auf der Suche nach Impulsen und Blaupausen für die KI-Strategie im eigenen Unternehmen lohnt sich der Blick über den Tellerrand der eigenen Branche. Viele Ideen aus Afrika und Asien können auch europäische Unternehmer inspirieren.

14 KI im Mittelstand und in kleinen Unternehmen

Der Mittelstand bildet das Rückgrat der deutschen Wirtschaft. Rund 98 Prozent aller Unternehmen in Deutschland sind kleine und mittlere Unternehmen (KMU), in denen über 60 Prozent aller Erwerbstätigen beschäftigt sind. Die wirtschaftliche Leistungs- und Innovationsfähigkeit dieser Unternehmen ist daher von zentraler Bedeutung für den Wirtschaftsstandort. KI-Technologien wie maschinelles Lernen, Computer Vision oder Sprachtechnologie ermöglichen es, Daten effizient auszuwerten und daraus wertvolle Erkenntnisse für verschiedenste Anwendungsfelder abzuleiten. Durch den Einsatz von KI können Mittelständler ihre Prozesse optimieren, innovative Produkte und Dienstleistungen entwickeln und neue Geschäftsmodelle erschließen.

Beispielsweise lassen sich mithilfe von KI Produktionsabläufe intelligent steuern, Predictive Maintenance betreiben oder die Qualitätskontrolle automatisieren. Im Vertrieb helfen KI-Lösungen bei der Kundenanalyse, Preisgestaltung oder dem Cross-/Upselling-Potenzial. Auch im Marketing, Personalwesen oder Kundenservice bietet der KI-Einsatz zahlreiche Potenziale. Für mittelständische Unternehmen ist KI daher von enormer Bedeutung, um wettbewerbsfähig und innovativ zu bleiben. Frühzeitige Investitionen in diese Zukunftstechnologie sind entscheidend, um nicht den Anschluss an Großkonzerne oder Disruptoren aus der Start-up-Szene zu verlieren.

Auch wenn die Vorteile von KI für den Mittelstand auf der Hand liegen, gibt es einige zentrale Herausforderungen und Hürden auf dem Weg zur erfolgreichen Implementierung: Bei vielen Mittelständlern fehlt es an ausreichendem technologischem Know-how sowie Fachkräften mit KI-Kompetenzen. Die Rekrutierung und Qualifizierung von Data Scientists, KI-Entwicklern etc. gestaltet sich gerade für kleinere Betriebe schwierig. Viele KI-Anwendungen basieren auf der Auswertung großer Datenmengen. Mittelständische Firmen verfügen jedoch häufig nicht über die erforderliche Datenbasis und -infrastruktur für qualitativ hochwertiges Training von KI-Modellen. Fehlende finanzielle und personelle Ressourcen stellen für KMU eine große Hürde bei KI-Investitionen dar. Die Entwicklung, Implementierung und Wartung von KI-Systemen erfordert hohe Finanzmittel und Know-how. Bei Anwendungen mit personenbezogenen Daten bestehen häufig Bedenken bezüglich Datenschutz, Datensicherheit und der Kontrolle über Datenhoheit. Um diese Hürden zu überwinden, braucht es geeignete Unterstützungsangebote, Qualifizierungsmaßnahmen und Strategien für den Mittelstand. Nur so können die vielfältigen Potenziale von KI auch in Zukunft bestmöglich genutzt werden.

Es gibt im föderalen Kontext der Bundesländer bereits erste Initiativen und Angebote speziell für mittelständische Unternehmen, um den KI-Einstieg zu erleichtern. Die bundesweit eingerichteten Mittelstand-4.0-Kompetenzzentren bieten KMUs etwa Unterstützung durch Experten, Praxisbeispiele und Qualifizierungsmaßnahmen rund um KI und andere Digitalisierungsthemen.

Im Rahmen des KI-Trainerprogramms wurden spezielle KI-Trainerinnen in diesen Zentren integriert, die Firmen gezielt beim KI-Implementierungsprozess coachen. Förderprogramme wie »KMU-innovativ«, »KI4KMU« oder regionale Initiativen der Länder unterstützen mittelständische Betriebe zudem finanziell beim Kompetenzaufbau.

An Universitäten und Forschungseinrichtungen entstehen außerdem Transferstellen wie das Fraunhofer KI-Netzwerk speziell für den Mittelstand. Und auch Kooperationen sowie Partnerschaften mit Start-ups, Wissenschaftseinrichtungen oder bereits etablierten Unternehmen können den Wissensaufbau im KI-Bereich für mittelständische Firmen beschleunigen. Insgesamt gibt es also bereits vielerlei Anlaufstellen und Unterstützungsangebote, um KMUs bei der Integration Künstlicher Intelligenz unter die Arme zu greifen.

14 KI im Mittelstand und in kleinen Unternehmen

Auch wenn diese Angebote einen ersten Ansatzpunkt bilden, reichen sie für viele Mittelständler noch nicht aus. Die Mittelstandsverbände sehen für eine nachhaltige KI-Transformation im Mittelstand weiteren Handlungsbedarf. Sie fordern eine deutliche Ausweitung und langfristige Verstetigung der Förderprogramme sowie die Schaffung steuerlicher Anreize für Investitionen in diesem Bereich. Zudem sollen mehr regionale KI-Transferzentren und Netzwerke entstehen, die den direkten persönlichen Austausch und Wissenstransfer vor Ort erleichtern.

Um den Fachkräftebedarf zu decken, muss parallel die duale Ausbildung sowie das Angebot an KI-Studiengängen ausgebaut werden. Gefordert werden außerdem mehr Best-Practice-Beispiele aus der Praxis, die Mittelständlern als Orientierung dienen können. Sinnvoll wären zudem standardisierte, skalierbare KI-Baukästen und Lösungen, die an die spezifischen Bedürfnisse des Mittelstands angepasst sind. Nicht zuletzt plädieren die Verbände für eine übergreifende KI-Strategie auf Bundes- und Landesebene, in deren Ausgestaltung sie aktiv eingebunden werden möchten.

Nur durch abgestimmte und substanzielle Anstrengungen aller Akteure aus Politik, Wirtschaft und Wissenschaft können mittelständische Unternehmen die vielfältigen Potenziale der Künstlichen Intelligenz bestmöglich ausschöpfen.

Eine wesentliche Voraussetzung für KI-Anwendungen ist ein gewisser Digitalisierungsgrad im Unternehmen. Je digitaler Prozesse, Produkte und Services bereits sind, desto mehr Datenpunkte fallen an, die für KI-Systeme genutzt werden können. Viele mittelständische Firmen haben hier jedoch noch Nachholbedarf.

Beispiel Maschinenbau: In einer Studie des Fraunhofer IPA aus 2021 gaben nur 34 Prozent der befragten Maschinenbauer an, weitreichende Digitalisierungsmaßnahmen umgesetzt zu haben. Häufig erfolgt die Datenerfassung noch unsystematisch ohne durchgängige IT-Infrastruktur und Schnittstellen. Für datengetriebene KI-Anwendungen wie die vorausschauende Wartung

(Predictive Maintenance) fehlt es daher oft an der nötigen Datenbasis. Der Aufbau einer soliden Dateninfrastruktur mit Sensorik, Datenbanken, Cloudsystemen etc. ist für KMUs eine wichtige Grundvoraussetzung. Zudem müssen Prozesse für eine kontinuierliche Datenbereitstellung, -aufbereitung und -qualitätssicherung etabliert werden. Mittelständler sollten daher frühzeitig in diese »digitalen Vorratsquellen« investieren. Neben der technischen Seite spielen auch organisatorische und kulturelle Faktoren eine entscheidende Rolle für einen erfolgreichen KI-Einsatz. Klassische, hierarchische Strukturen mit Abteilungsgrenzen erschweren die interdisziplinäre Zusammenarbeit, die für KI-Projekte jedoch unabdingbar ist.

Beispiel aus dem Handel: Ein Modefilialist wollte mithilfe von KI das Thema Bestandsoptimierung angehen. Dafür mussten jedoch zunächst die Denkweisen der Einkaufsabteilung (Sortimentsgestaltung) und der Vertriebsabteilung (Filialbedarf) überbrückt werden. Durch organisationsübergreifende Teams und agile Methoden gelang eine ganzheitliche Optimierung. Unterstützend können auch flache Hierarchien mit kurzen Entscheidungswegen wirken. Bei einem bayerischen Metallbauer wird KI-Strategie und operatives Projektmanagement z. B. direkt an der Unternehmensspitze gebündelt.

Viele KMU berichten von Schwierigkeiten, offene Stellen für KI-Experten zu besetzen. So planten laut einer Studie 2022 zwar 45 Prozent der Unternehmen, KI-Fachkräfte einzustellen – bei 39 Prozent schreckte aber der Fachkräftemangel ab. Als Lösung engagieren manche Mittelständler Freelancer oder gründen Spin-offs. Andere lassen sich von Consulting Firmen, Hochschulen und Forschungseinrichtungen beraten oder arbeiten mit Start-ups zusammen. KI-Plattformen und No-Code-Tools können den KI-Einstieg ebenfalls erleichtern.

Der Kompetenzaufbau ist für Mittelständler mit hohem Aufwand verbunden und viele scheuen die Investitionen. Weiterbildungen

14 KI im Mittelstand und in kleinen Unternehmen

und Qualifizierungsprogramme sind zentral, um die eigene Mannschaft auf KI-Niveau zu hieven. Für Großkonzerne ist es gängige Praxis, Digitalisierungsstrategien und KI-Roadmaps zu entwickeln. Bei KMUs ist dieser strategische Ansatz noch weniger verbreitet. Dabei ist gerade für diese Unternehmen eine klare KI-Strategie von zentraler Bedeutung.

Wichtig ist zunächst, die Potenziale von KI für das eigene Geschäftsmodell und die individuellen Wertschöpfungsprozesse zu analysieren. In welchen Bereichen verspricht der KI-Einsatz die größten Mehrwerte hinsichtlich Effizienzsteigerung, Innovationen oder Kundenmehrwert? Auf Basis dieser Analyseergebnisse sollten Projektfelder priorisiert und erste Use Cases definiert werden. Auch die Planung von Ressourcen, Budgets und Partnerschaften muss Teil einer KI-Strategie sein. Bei KMUs sollte dieser Strategieprozess schlank und pragmatisch gestaltet werden, jedoch die unterschiedlichen Stakeholder im Unternehmen einbinden. Die eigenen Mitarbeiter sind hier sehr wertvoll, da sie die Prozesse kennen. Letztlich sollte die Strategie auch Antworten auf potenzielle Bedenken bezüglich Sicherheit, Datenschutz und ethische Fragestellungen liefern. Je transparenter und partizipativer der Erstellungsprozess, desto höher die Akzeptanz. KI bringt in allen Unternehmen Veränderungen in Arbeitsabläufen und Kompetenzbedarfen mit sich. In KMUs sind diese Änderungen jedoch nochmal ausgeprägter, da die Ressourcen knapper sind. Daher ist ein aktives Changemanagement unverzichtbar.

Für die Akzeptanz des technologischen Wandels ist die frühzeitige Information und Einbindung der Mitarbeiter entscheidend. Bei vielen Mittelständlern herrscht noch Skepsis gegenüber KI, man befürchtet den Arbeitsplatzverlust. Hier müssen Ängste abgebaut und die Potenziale einer Mensch-Maschine-Kollaboration verdeutlicht werden. Auch mit Blick auf zukünftige Qualifizierungsbedarfe ist Partizipation entscheidend. Bei KMUs gelingt es oft besser, Stellenprofile gemeinsam neu zu definieren und vorhandene

Erfahrungen anzuerkennen. Für KMUs ist eine Schlüsselfrage, ob man KI-Expertise komplett selbst aufbauen muss oder externe Lösungen (Cloud-KI) einsetzen kann. Häufig ist ein hybrider Ansatz sinnvoll. Cloud- und KI-Plattformen ermöglichen einen schnellen und kostengünstigen Einstieg in Anwendungen und Services. Das eigene Know-how kann niedrigschwellig aufgebaut werden. Größere Herausforderungen wie Skalierbarkeit und Sicherheit sind jedoch schwieriger zu managen.

Bei unternehmenskritischen Kernprozessen ist oft eine individualisierte On-Premise-KI-Implementierung erforderlich für volle Kontrolle und Integration. Der höhere zeitliche und finanzielle Aufwand ist hier die größte Hürde. Praktische Erfolgsfaktoren für KMUs sind häufig ein Start im Kleinen (»fail fast«) und der Einsatz von standardisierten Lösungen und existierenden KI-Branchentools. Sowohl auf Bundesebene als auch in den einzelnen Ländern wurden in den vergangenen Jahren zahlreiche Förderprogramme und Initiativen für die Digitalisierung und KI-Nutzung im Mittelstand ins Leben gerufen. Ein Beispiel ist die Initiative »KMU-innovativ« des Bundesforschungsministeriums, die mit relativ geringem Arbeitsaufwand KI-Projekte in mittelständischen Unternehmen fördert.

Das Bundeswirtschaftsministerium gewährt im Rahmen des Programms »Digital Jetzt« Investitionszuschüsse für Hard- und Software sowie Digitalisierungsvorhaben in KMUs. In den Mittelstand-4.0-Kompetenzzentren wurden spezielle KI-Trainerinnen etabliert, die mittelständische Firmen gezielt beim Prozess der KI-Einführung coachen. Viele Bundesländer haben darüber hinaus eigene Fördertöpfe für die KI-Transformation geschaffen, wie den Digitalbonus Bayern. Insgesamt steht den Mittelständlern also inzwischen eine Vielzahl an Unterstützungsangeboten zur Verfügung, um den Weg in die digitale und KI-getriebene Zukunft zu ebnen. Neben direkter Projektförderung gibt es auch Initiativen zur KI-Vernetzung von Unternehmen, Start-ups und Forschung (KI-Bundesverband, Plattform Lernende Systeme). Ein niedrigschwelliger erster Schritt für Einsteiger. Eine zentrale Anlaufstelle für mittelständische Unternehmen auf dem Weg in die KI-Zukunft sind die rund 25 Mittelstand-4.0-Kompetenzzentren in ganz Deutschland. Diese vom Bund initiierten und finanziell geförderten Zentren bieten den Firmen ein ganzheitliches Serviceportfolio an. So führen sie beispielsweise Potenzialanalysen durch, um geeignete KI-Anwendungsfälle im jeweiligen Unternehmen zu identifizieren. Zudem halten die Kompetenzzentren vielfältige Qualifizierungsangebote und Weiterbildungskurse für die Mitarbeiter bereit. Demonstratoren und eigens eingerichtete Testumgebungen ermöglichen es den Firmen außerdem, KI-Lösungen praxisnah zu erproben und durch »Anlernen« an die betrieblichen Erfordernisse anzupassen. Nicht zuletzt fördern die Kompetenzzentren den Aufbau von Netzwerken und Plattformen, auf denen sich die mittelständischen Unternehmen zum Thema KI untereinander austauschen und vernetzen können.

Das fehlende Eigenkapital und mangelnde KI-Expertise stellen für viele mittelständische Unternehmen hohe Hürden auf dem Weg zur Implementierung Künstlicher Intelligenz dar. Partnerschaften und Kollaborationen mit anderen Unternehmen, Startups oder Wissensträgern aus der Forschung erweisen sich hier als effizienter Lösungsansatz. So arbeiten große Maschinen- und Technologiebauer zunehmend mit Mittelständlern zusammen, um gemeinsam industrietaugliche KI-Anwendungen zu entwickeln und fit für den Markt zu machen. Diese Kooperationen bieten für Mittelständler finanzielle sowie organisatorische Vorteile und beschleunigen den KI-Kompetenzaufbau erheblich.

Quintessenz

Künstliche Intelligenz ist keine ferne Zukunftsvision, sondern gehört zu den Schlüsseltechnologien für den Mittelstand von heute. KI-Lösungen können in nahezu allen Unternehmensbereichen Game Changer sein - ob für effizientere Prozesse, innovative Produkte oder eine bessere Kundeninteraktion. Dabei sind die Potenziale genauso vielfältig wie die Herausforderungen bei der Implementierung: Fehlende Fachkräfte, Datenlücken, Budgetengpässe und Bedenken stehen einem Einstieg oft im Wege. Trotzdem lohnt es sich für Mittelständler, frühzeitig in KI zu investieren. Zahlreiche Förderprogramme, Kompetenzzentren und Kooperationsmöglichkeiten können Unterstützung bieten.

Der Aufbau einer KI-Strategie mit Mitarbeitereinbindung sowie einer modernen Dateninfrastruktur und Organisationskultur sind zentrale Weichenstellungen. Mittelständler mit KI-Kompetenz haben die Möglichkeit, disruptive Kräfte in ihrer Branche zu werden. Bund, Länder und Verbände haben ein wachsendes Interesse daran, gerade auch diese Unternehmen in die KI-Transformation einzubinden. Durch die Kombination aus Förderprogrammen, Kompetenzzentren und Kooperationen können finanzielle, technologische und Know-how-Hürden für Mittelständler deutlich abgemildert werden. Für viele kann dies ein entscheidender Wettbewerbsvorteil in der digitalen Zukunft sein.

»Für den Umgang mit künstlicher Intelligenz ist das Europäische KI-Gesetz von zentraler Bedeutung. Denn der ungeregelte Einsatz von KI birgt neben Chancen eben auch Gefahren der Diskriminierung, Manipulation, Überwachung.

Daher verfolgen wir mit dem neuen Regelwerk einen rechtebasierten Ansatz mit dem Ziel, auch hier Grundrechte zu wahren.«

Birgit Sippel
Mitglied des Europäischen Parlaments für die SPD
S&D-Fraktion

IMPULS-VORWORT ZUM TEIL 3

Die Revolution jenseits der Trends
von Prof. Tim Bruysten

Nach dem Internet, dem World-Wide-Web, Cloud-Computing, 3D-Druck, Big Data, Blockchain und Crypto, Augmented und Virtual Reality und einigen weiteren kommt nun als nächster Trend künstliche Intelligenz. Nein. Kommt sie nicht. Zumindest nicht in der Reihe. Künstliche Intelligenz ist kein Trend, der irgendwie einem der anderen in dieser Liste ähnlich ist. Sie ist die erste Technologie, die mehr kann, als die Fähigkeiten eines Menschen zu verstärken. Sie ist nicht wie die Druckerpresse mit beweglichen Lettern, die die Reproduktion von Wissen vereinfachte. Sie ist nicht wie das Auto, das es einfacher machte, sich von A nach B zu bewegen. Sie ist nicht wie der Taschenrechner, der uns half, bequemer zu rechnen. Und sie ist nicht wie ein klassischer Roboter, der eine körperliche Leistung automatisierte. Künstliche Intelligenz läutet ein fundamental neues Kapitel ein. Sie kann an unserer Stelle denken. Das ist anders als bisherige Werkzeuge, die uns Denken oder körperliche Arbeit vereinfacht haben, die unseren Arm oder Fuß stärker gemacht haben.

Um die Magnitude dieser Aussage zu verstehen, blicken wir einige Jahre zurück. Am 10. März 2016, zu einer wahrhaft unmenschlichen Zeit, ab 5 Uhr morgens, saßen wir in unserem Düsseldorfer Büro vor dem Rechner und sahen uns den Livestream eines denkwürdigen Go-Spiels an. Go ist ein strategisches Brettspiel, das vor mehr als 2500 Jahren in China entwickelt wurde und bei dem zwei Spieler abwechselnd schwarze und weiße Steine auf ein 19x19-Gitter setzen, im Kampf um das größere Territorium. Die Spieler an diesem Morgen waren Lee Sedol, einer der weltbesten Go-Spieler, und AlphaGo, eine künstliche Intelligenz. Das Besondere an diesem Spiel war der in die Weltgeschichte eingegangene »Move 37«. Es lohnt, das Video anzusehen, wie den Kommentatoren der Live-Übertragung buchstäblich die Kinnlade herunterfällt und Lee Sedol erstmal rauchen geht.

Go ist erheblich komplexer als z. B. Schach, die Anzahl der möglichen legalen Spielzüge beträgt etwa 10^{170}. Damit ist Go ein Problem, das mit »Bruteforce« - also sehr viel Rechenkapazität- noch nicht zu lösen war. Doch das ist nicht der Punkt. Es geht nicht darum, dass AlphaGo besonders gut Go berechnen konnte. Denn der Move 37 war ein wahrhaft *kreativer* Spielzug. Im eigentlichen Sinne des Wortes »Kreativ«. AlphaGo hat einen Spielzug und damit eine Spielstrategie entwickelt, die tatsächlich neu war. Move 37 ist damit zum Synonym dafür geworden, dass künstliche Intelligenz eben nicht ein weiteres Werkzeug ist, das Menschen die Arbeit erleichtert.

Die Entwicklung der Künstlichen Intelligenz markiert damit eine tiefgreifende philosophische Revolution, die den Menschen aus einer weiteren zentralen Position in unserem Weltbild verdrängt. Historisch gesehen hat die Menschheit mehrfach eine zentrale Stellung revidieren müssen, und KI fordert uns nun erneut heraus, unseren Platz im Kosmos zu überdenken. Wir müssen uns fragen, was es bedeutet, Mensch zu sein, wenn Maschinen menschliche Fähigkeiten wie Denken und Gestalten übertreffen können. Welche Rolle spielen wir in einer Welt, in der künstliche Intelligenzen immer autonomer werden? Diese Fragen betreffen nicht nur die Ethik und die gesellschaftliche Struktur, sondern auch unser grundlegendes Selbstverständnis.

Klar, aktuelle künstliche Intelligenzen haben ihre Beschränkungen. Ihnen fehlt beispielsweise Intentionalität. Das bedeutet, sie machen nichts, weil sie es selbst wollen. Ihnen fehlt das, was man *phänomenales Bewusstsein* nennt. Bewusstsein in der Form, dass ein subjektives Erleben ein inneres Auge besitzt, das in der Lage ist, Gedanken, Gefühle und Absichten zu haben. Künstliche Intelligenzen agieren ohne dieses innere Erleben. Dies unterscheidet sie - noch - grundlegend von menschlicher Intelligenz, die durch Bewusstsein und subjektive Erfahrungen geprägt ist. Häufig findet man diese Begründung nach einem »Ja, aber«, zum Beispiel wenn begründet werden soll, warum »die Maschine niemals« dies oder jenes tun können wird. Doch sind diese Begründungen mit einem kontinuierlichen Goal-Post-Shifting verbunden. Denn was Midjourney oder ChatGPT im Sommer 2024 können, wurde vor wenigen Jahren von vielen noch eloquent dem Bereich dessen zugeordnet, was niemals möglich sein wird. In diesem Kontext ist ein weiterer Gedanke wichtig: Seit Jahrzehnten hört man immer wieder die Behauptung, dass die ganze digitale Entwicklung demnächst auch mal vorbei wäre, weil die Entwicklung physikalische Grenzen erreichen würde. Dies ist eine gefährliche Beruhigungspille. Denn sie ist grundfalsch. Natürlich gibt es technische Herausforderungen für die Weiterentwicklung von zum Beispiel CPUs und GPUs. Doch sind dies prinzipiell lösbare Herausforderungen. Wenn wir die Technologie mit der aktuellen Beschleunigung weiterentwickeln, liegen mindestens noch hunderte Jahre vor uns, bis wir in die Nähe echter physikalischer Grenzen kommen. Stichworte sind hier zum Beispiel das Bremermann-Limit oder die Bekenstein-Grenze.

Die ersten echten künstlichen neuronalen Netze bestanden aus etwa 50 Neuronen. In den 1980er Jahren waren es 1 Million Neuronen, um 2010 herum dann 100 Millionen. 2024 haben wir künstliche neuronale Netze in der Größenordnung von 1 Billion Parameter. Wenn man diese Entwicklung auf einen Chart zeichnet, sieht man keine lineare Entwicklungskurve. Aber auch keine exponentielle. Die Kurve ist quasi exponentiell-exponentiell. Und mit der Zunahme an Neuronen steigt die Wahrscheinlichkeit für emergente Effekte. Das Ganze ist mehr als die Summe seiner Teile, sagt man umgangssprachlich, wenn man meint, dass ein System emergente Eigenschaften hat. Ein Sandkorn allein erklärt nicht, wie eine Wanderdüne funktioniert. Aus der Betrachtung eines Wassermoleküls kann man nicht das Verhalten des Meeres ableiten. Ergo, Sandkorn und Wassermolekül haben in großer Menge jeweils Eigenschaften, die sie nicht haben, wenn man sie einzeln untersucht. Im Kontext künstlicher Intelligenz und neuronaler Netze bedeutet Emergenz, dass durch die enorme Anzahl von Neuronen und deren Verbindungen neue, oft unvorhersehbare Fähigkeiten und Verhaltensweisen entstehen können. Diese emergenten Eigenschaften sind nicht direkt in den einzelnen Neuronen oder deren einfachen Verbindungen zu finden, sondern resultieren aus der komplexen Interaktion innerhalb des gesamten Netzes. GPT-3 hatte zum Beispiel überraschend die Fähigkeit, programmieren zu können, ohne dass dies vorgesehen oder gar vorbereitet worden wäre. Beispiele hierfür sind die Fähigkeit von KI-Systemen, kreative Lösungen zu finden, Muster in großen Datenmengen zu erkennen, die für Menschen unsichtbar sind, oder sogar neue Strategien zu entwickeln, wie es bei AlphaGos Move 37 der Fall war. Diese emergenten Effekte machen KI-Systeme potenziell leistungsfähiger und vielseitiger, bringen aber auch Herausforderungen in Bezug auf Vorhersagbarkeit und Kontrolle mit sich.

Für Unternehmen bedeutet dies, dass aus philosophischen Gedanken plötzlich harte Probleme des Alltags werden. Die Herausforderungen der Integration und Implementierung von KI sind vielfältig und betreffen alle Ebenen des Geschäfts. Um wettbewerbsfähig zu bleiben und die Vorteile der KI zu nutzen, müssen Unternehmen strategische, technische und organisatorische Maßnahmen ergreifen. Die Existenz einer sich vermutlich weiterhin rasant entwickelnden künstlichen Intelligenz, die potenziell neue emergente - also nicht vorhersehbare - Eigenschaften hervorbringt, ist die eine Sache. Wenn diese Technologie aber tief im Alltag, in unseren Smartphones, Betriebssystemen und Office-Suiten integriert ist, wenn es hunderte von OpenSource-Entwicklungen mit dieser Technologie gibt, dann wird daraus eine Unwahrscheinlichkeitsmaschine.

Künstliche Intelligenz ist in den letzten Jahren so gut geworden, dass sie längst eingesetzt wird, um neue Computerchips zu designen. Und um neue künstliche Intelligenzen zu bauen. So haben wir nun eine Technologie, die nicht nur in der Lage ist, einen signifikanten Beitrag zu ihrer eigenen Verbesserung zu leisten.

Vielmehr schiebt sie auch andere Technologien massiv an. Der Enkel von AlphaGo heißt AlphaFold. Diese künstliche Intelligenz kann die dreidimensionale Struktur von Proteinen, DNA, RNA und weiteren biomolekularen Strukturen basierend auf ihrer Sequenz vorhersagen. Proteine, DNA und RNA sind die Bausteine des Lebens und spielen eine entscheidende Rolle in nahezu allen biologischen Prozessen. Die genaue Vorhersage der Proteinstruktur ist seit Jahrzehnten eine der größten Herausforderungen in der Biologie, da die Funktion eines Proteins stark von seiner Form abhängt. Selbst wenn man, isoliert, nur diese eine Entwicklung betrachtet, ergeben sich in den nächsten wenigen Jahren unmittelbare und mittelbare Folgen für eine Vielzahl von Branchen. Medizin und Pharma werden sich drastisch verändern. Nicht nur, dass es neue Medikamente und neue individuelle Behandlungen geben wird. Wir werden weitere Krankheiten ausrotten können, unsere gesunde Lebenserwartung wird sich verlängern, das Gesundheits- und Rentensystem, Krankenkassen usw. werden sich anpassen müssen.

In der Biotechnologie werden künstliche Intelligenzen wie AlphaFold dazu beitragen, Enzyme für industrielle Prozesse oder Pflanzen mit verbesserten Eigenschaften zu entwickeln. Dies wird nicht nur die Herstellung von Nahrung, sondern auch den Carbon-Footprint der Lebensmittelindustrie verändern. Darüber hinaus werden Pflanzen an anderen Orten und effektiver und einfacher angebaut werden können. Mit weitreichenden Folgen für globale Logistikprozesse. Ein weiterer Innovationsschub ist zum Beispiel in den Materialwissenschaften, der Nano-Technologie, Quanten-Computing, in weiteren Bereichen der synthetischen Biologie zu erwarten. Dies sind nur einige wenige Beispiele, in denen Innovationszyklen von Jahrzehnten auf wenige Jahre verkürzt wurden. Genau so ist eine Welt voller schwarzer Schwäne entstanden – dem Sinnbild für das Eintreten unvorhergesehener Ereignisse.

Künstliche Intelligenz hat Auswirkungen auf wirklich alle Funktionen und Bereiche eines Unternehmens. Dabei sollte man sie nicht allein betrachten, sondern im großen Bild unserer Zeit einordnen: der Zunahme von Unsicherheit durch technologische, geopolitische, regulatorische, gesellschaftliche und wirtschaftliche Entwicklungen. Eine kurze Checkliste soll helfen, sich auf dieser Ebene zu orientieren:

- **Strategische Position**
  Der durch künstliche Intelligenz und weitere Technologien verursachten Unvorhersehbarkeit in den Märkten gilt es mit offenem Visier gegenüberzutreten: Die Schaffung attraktiver Zukunftsbilder für alle Stakeholder ist ein guter Schritt, der Aufbau von 360°-Szenarien-Sets ein weiterer.

- **Organisatorische Implikationen**
  Die Organisation muss sich fragen, welche weiteren Tätigkeiten in den nächsten Jahren automatisiert werden und welche Fähigkeiten benötigt werden, um die Vorteile dieser Automatisierung nutzen zu können.

- **Einzigartigkeit und Vielfalt**
  Wenn eine Organisation lernen soll, permanent mit Unvorhersehbarem umgehen zu können, benötigt sie eine klare und stabile Idee von sich selbst und gleichzeitig eine möglichst hohe Anschlussfähigkeit zu dem, was überraschend um die Ecke kommen wird.

- **Technologische Infrastruktur**
  Haben wir Zugriff auf ausreichend »*Compute*« – also Rechenleistung? Wie sieht es mit der Skalierbarkeit und Robustheit der Netzwerke aus?

- **Datenmanagement und -qualität**
  Welches der IT-Systeme ist eigentlich AI-ready? Wie können Daten aus welchem System in welchem Format zusammengeführt werden, um eine künstliche Intelligenz zu füttern? An welchen Stellen benötigen wir echte Daten, an welchen Stellen können wir eine KI mit Modell-Daten trainieren? Es gilt eine ehrliche Landkarte aufzubauen, die vorhandene Fähigkeiten zeigt und Schwachstellen identifiziert.

- **Legale Abhängigkeiten**
  Ist der regulatorische Rahmen im Unternehmen bekannt und wie wird seine Einhaltung durchgesetzt? Aber auch die Frage, wie man mit Konkurrenz umgeht, die außerhalb der Regulatorik Europas möglicherweise einen erheblichen Vorteil hat?
- **Digitale Ökosysteme**
  Wird das eigene wirtschaftliche Handeln als Teil eines digitalen Ökosystems verstanden? Werden Daten mit der Lieferkette, Partnern und Kunden in Realzeit ausgetauscht? Sind die Business-Cases bekannt, die durch diesen Austausch entstehen würden?

Durch die von künstlicher Intelligenz verursachten Veränderungen in den Märkten und Gesellschaften entsteht eine nicht zu reduzierende Komplexität für Unternehmen, die an einigen Stellen zu Schmerzen führen wird und gleichzeitig gigantische Chancen offenbart. Unternehmen müssen sich auf eine Zukunft einstellen, die von Unsicherheit und raschem technologischem Wandel geprägt ist. Dies erfordert strategische Anpassungen und eine flexible, anpassungsfähige Organisation. KI führt uns in eine Ära, in der verantwortungsvolle Nutzung und proaktive Gestaltung der Schlüssel zum Erfolg sind. Um sich auf die kommenden Jahre einzustellen, ist es wichtig, dass alle Ebenen, alle Rollen und alle Bereiche in Unternehmen sich mit dem Thema auseinandersetzen. Insbesondere Management kann das Thema nicht an die IT delegieren, sondern muss sich die Finger selbst schmutzig machen. Nur dann kann man Chancen nutzen, anstatt sie zu verpassen.

Prof. Tim Bruysten lebt, arbeitet, forscht und lehrt in Paris und Düsseldorf. Mit seinem Team hilft er Unternehmen auf der ganzen Welt, ihren eigenen Kern zu identifizieren, der Orientierung im Wandel bietet, und kreiert passgenaue Szenarien, Strategien und Maßnahmen für die notwendigen Transformationen. Das Ziel: Sicherheit in der komplexen Welt und die Befreiung von Organisationen von bremsenden Fesseln.

»Künstliche Intelligenz revolutioniert unseren Alltag und die Chancen sind dabei so groß, das können wir uns heute kaum vorstellen. Diese Chancen müssen wir nutzen und Europa zum Hotspot der KI-Innovation machen.«

Svenja Hahn
Mitglied des Europäischen Parlaments für die FDP Fraktion Renew Europe

Teil 3
BLICK IN DIE ZUKUNFT

15 Wie die KI sich weiterentwickelt

Die rasante Entwicklung der künstlichen Intelligenz in den letzten Jahren lässt erahnen, welch tiefgreifende Veränderungen diese Technologie in Zukunft für Wirtschaft und Gesellschaft mit sich bringen wird. Expertinnen und Experten sind sich einig, dass wir erst am Anfang dieser Entwicklung stehen und in den kommenden Jahrzehnten mit bedeutenden Fortschritten und Umwälzungen durch KI zu rechnen ist.

Bereits bis 2028 erwarten die Experten, dass KI-Systeme in der Lage sein werden, komplexe Aufgaben wie das vollständige Programmieren einer Zahlungsabwicklungs-Website oder das Komponieren von Songs auf dem Niveau von Superstars wie Taylor Swift zu meistern. Dies verdeutlicht das enorme Potenzial von KI, kreative und kognitiv anspruchsvolle Tätigkeiten zu übernehmen, die bislang als Domäne des Menschen galten. Schaut man noch weiter in die Zukunft, halten es die Forscher für 50% wahrscheinlich, dass KI-Systeme bis 2047 die Leistungsfähigkeit von Menschen in allen Bereichen übertreffen werden. Das bedeutet, dass Maschinen in der Lage sein könnten, jede Aufgabe besser zu erledigen als der Mensch - eine Vorstellung, die gleichermaßen faszinierend wie beunruhigend ist.

Expertenbefragungen zeigen, dass eine weitreichende Automatisierung von Berufen in den kommenden Jahrzehnten als sehr wahrscheinlich gilt. Die Forscher gehen davon aus, dass bis 2037 ein Großteil aller Jobs potenziell fast vollständig durch KI und Robotik ersetzt werden könnte. Diese Entwicklung hätte enorme Auswirkungen auf den Arbeitsmarkt und stellt Unternehmen, Mitarbeiter und die Gesellschaft als Ganzes vor große Herausforderungen. Dabei sind keineswegs nur einfache, repetitive Tätigkeiten betroffen. Dank der rasanten Fortschritte im Bereich des maschinellen Lernens und der künstlichen Intelligenz könnten auch komplexe Aufgaben, die bisher menschliche Fähigkeiten wie Kreativität, Problemlösung und soziale Interaktion erforderten, zunehmend von

Maschinen übernommen werden. Ein Blick in verschiedene Branchen verdeutlicht die Bandbreite der möglichen Veränderungen.

Im Gesundheitswesen könnten KI-Systeme einen Großteil der Diagnostik übernehmen, indem sie medizinische Bilder wie Röntgenaufnahmen oder MRT-Scans analysieren, Symptome interpretieren und Behandlungsempfehlungen geben. Eine Studie des Unternehmens Accenture geht davon aus, dass bis 2035 rund 40% der Aufgaben eines Radiologen durch KI automatisiert werden könnten.

Auch in der Rechtsbranche zeichnen sich tiefgreifende Umwälzungen ab. Juristische Tätigkeiten wie die Recherche von Präzedenzfällen, die Analyse von Verträgen oder die Prüfung von Patentanmeldungen könnten in Zukunft von KI-Systemen erledigt werden. Die Unternehmensberatung McKinsey schätzt, dass bis 2030 rund 23 Prozent der Aufgaben in der Rechtsbranche automatisiert werden könnten.

Doch was bedeutet diese Entwicklung für Unternehmen und Mitarbeiter? Auf der einen Seite bietet die Automatisierung enormes Potenzial für Effizienzsteigerungen und Kosteneinsparungen. Wenn Routineaufgaben von Maschinen erledigt werden, haben menschliche Mitarbeiter mehr Zeit für strategische und wertschöpfende Tätigkeiten. Auch körperlich anstrengende oder gefährliche Arbeiten könnten in Zukunft vermehrt von Robotern übernommen werden und so für mehr Sicherheit und Gesundheitsschutz sorgen.

Auf der anderen Seite bringt die Automatisierung aber auch große Herausforderungen mit sich. Ganze Berufsgruppen könnten wegfallen oder sich radikal verändern, was für viele Menschen den Verlust ihres Arbeitsplatzes bedeuten würde. Laut einer Studie der Organisation für wirtschaftliche Zusammenarbeit und Entwicklung (OECD) könnten in den kommenden 20 Jahren rund 14% aller Arbeitsplätze in den Industrieländern durch Automatisierung wegfallen.

Die potenzielle Automatisierung von Berufen ist eine der größten Herausforderungen, aber auch eine der größten Chancen, die die KI-Entwicklung für Wirtschaft und Gesellschaft bereithält. Entscheidend ist, dass wir uns proaktiv mit den Veränderungen auseinandersetzen und die Transformation aktiv gestalten. Nur so können wir die Vorteile der Technologie nutzen und gleichzeitig den sozialen Zusammenhalt und das Wohlergehen aller sicherstellen.

Ein weiteres Anwendungsfeld, in dem KI schon heute beeindruckende Ergebnisse liefert, ist das Verständnis von Kundenbedürfnissen und -verhalten. Durch die Analyse riesiger Datenmengen aus verschiedensten Quellen wie Social Media, Kaufhistorien oder Sensordaten können KI-Systeme präzise Vorhersagen über Präferenzen und zukünftige Bedürfnisse von Kunden treffen. Durch personalisierte Angebote und Empfehlungen konnte die Kundenbindung messbar gesteigert werden.

Beispiele von der Hannover Messe 2024 zeigen eindrucksvoll, wie KI schon heute in der Industrie eingesetzt wird und welche Innovationspotenziale sich daraus ergeben. Bundeskanzler Olaf Scholz betonte in seiner Eröffnungsrede, dass Deutschland schneller und einfacher werden müsse, um im internationalen Wettbewerb mithalten zu können. KI-gestützte Maschinen, die Mitarbeitern einfache Arbeiten abnehmen und so Raum für höher qualifizierte Tätigkeiten schaffen, seien dabei ein wichtiger Faktor für Produktivität und Wachstum.

Laut einer Studie von IW Consult im Auftrag von Google könnte die Bruttowertschöpfung im verarbeitenden Gewerbe durch den Einsatz von generativer KI um bis zu 7,8 Prozent gesteigert werden. Über einen Zeitraum von zehn Jahren entspräche dies einem Zuwachs von 56 Milliarden Euro, wenn nur die Hälfte der befragten Unternehmen KI einsetzen würde.

Konkrete Anwendungsbeispiele reichen von KI-gestützter Robotik über digitale Zwillinge bis hin zum Einsatz in der Landwirtschaft und wie sich mit generativer KI digitale Zwillinge von Produkten und Prozessen erstellen lassen, um Abläufe zu optimieren. Und selbst in der biologischen Landwirtschaft kann KI die präzise Unterscheidung von Nutzpflanzen und Unkraut ermöglichen.

Diese Beispiele verdeutlichen, dass KI längst kein abstraktes Zukunftsthema mehr ist, sondern bereits heute in vielen Branchen einen konkreten Mehrwert bietet. Unternehmen, die sich diese Potenziale erschließen und KI gezielt zur Entwicklung neuer Produkte, Services und Geschäftsmodelle nutzen, können ihre Wettbewerbsfähigkeit steigern und nachhaltiges Wachstum generieren.

Nur 20% der befragten Experten halten es für wahrscheinlich, dass Nutzer bis 2028 in der Lage sein werden, die Gründe hinter den Entscheidungen von KI-Systemen wirklich zu verstehen. Gerade in sensiblen Anwendungsbereichen ist dies jedoch entscheidend für Vertrauen und Akzeptanz. Unternehmen sollten sich dieser Herausforderung bewusst sein und transparent mit den Grenzen der Technologie umgehen. Erklärbare KI-Modelle, die Einblicke in die Entscheidungsfindung erlauben, sowie die enge Einbindung von menschlichen Experten können helfen, die »Black Box« KI zumindest teilweise zu öffnen und das Verständnis und Vertrauen von Nutzern zu stärken. Regelmäßige Audits und Evaluierungen der eingesetzten KI-Systeme sowie eine proaktive Kommunikation gegenüber allen Stakeholdern können zudem dazu beitragen, mögliche Bedenken frühzeitig zu adressieren und die gesellschaftliche Akzeptanz für den Einsatz von KI in sensiblen Bereichen zu erhöhen.

Künstliche Intelligenz eröffnet Unternehmen völlig neue Möglichkeiten, innovative Produkte und Dienstleistungen zu entwickeln und bisher unerschlossene Geschäftsfelder zu erobern. Gleichzeitig ermöglicht der Einsatz von KI-Technologien eine signifikante Steigerung der Effizienz und Produktivität, indem manuelle, zeitaufwendige Tätigkeiten automatisiert werden und Mitarbeiter sich auf höherwertige, kreative Aufgaben konzentrieren können, was zu einer Verbesserung der Wertschöpfung und Rentabilität führt.

Ein Beispiel für die Erschließung neuer Geschäftsfelder durch KI sind personalisierte Gesundheitsdienstleistungen. Durch die Analyse von Gesundheitsdaten wie Vitalwerten, genetischen Informationen oder Lebensgewohnheiten können KI-Systeme individuelle Risikoprofile erstellen und präventive Maßnahmen empfehlen. Das Unternehmen Babylon Health bietet beispielsweise eine KI-gestützte App an, die anhand von Symptomen und persönlichen Informationen medizinische Diagnosen stellt und passende Behandlungsoptionen vorschlägt. Durch die Zusammenarbeit mit Krankenkassen und Gesundheitsdienstleistern erschließt sich Babylon Health so einen wachsenden Markt für personalisierte Gesundheitslösungen. Dieser Ansatz hat das Potenzial, die Gesundheitsversorgung zu revolutionieren, indem er eine proaktive, präventionsorientierte Betreuung ermöglicht und gleichzeitig die Effizienz und Qualität der medizinischen Versorgung verbessert. Es ist zu erwarten, dass sich in Zukunft immer mehr Unternehmen diesem Trend anschließen werden und KI-basierte Gesundheitsdienstleistungen zu einem bedeutenden Wachstumsmarkt avancieren, der nicht nur die Lebensqualität der Menschen verbessert, sondern auch erhebliche wirtschaftliche Chancen bietet.

Auch im Finanzsektor entstehen durch KI neue Geschäftsmodelle. Die automatisierte Analyse von Finanzdaten und Markttrends ermöglicht es beispielsweise, passgenaue Anlagestrategien für Kunden zu entwickeln oder Kreditrisiken präziser zu bewerten. Die deutsche Smartphone-Bank N26 nutzt KI-Algorithmen, um Transaktionsdaten in Echtzeit zu analysieren und betrügerische Aktivitäten zu erkennen. Durch die Kombination von KI mit mobilen Anwendungen und Echtzeitdaten erschließt sich N26 so eine junge, technikaffine Zielgruppe und kann gleichzeitig Kosten durch automatisierte Prozesse senken. Dieses Beispiel zeigt eindrucksvoll, wie KI dazu beitragen kann, bestehende Geschäftsmodelle zu optimieren und gleichzeitig neue Kundengruppen zu gewinnen, indem maßgeschneiderte Lösungen angeboten werden, die den spezifischen Bedürfnissen und Präferenzen dieser

Zielgruppen entsprechen. Es ist davon auszugehen, dass sich dieser Trend in Zukunft noch verstärken wird und KI-basierte Finanzdienstleistungen zum Standard in der Branche werden, was etablierte Anbieter unter Druck setzen und zu einer weiteren Konsolidierung des Marktes führen könnte.

Ein weiteres Innovationspotenzial von KI liegt in der Entwicklung neuer Materialien und Designs. Durch die Simulation und Optimierung von Materialeigenschaften auf atomarer Ebene können KI-Systeme völlig neuartige Werkstoffe mit maßgeschneiderten Eigenschaften entwickeln, sei es für leichtere und stabilere Fahrzeugteile oder effizientere Solarzellen. Das Start-up Kebotix nutzt beispielsweise KI und Robotik, um neue Chemikalien und Materialien zu entdecken. Durch die Automatisierung von Labortests und die Auswertung riesiger Datenmengen gelingt es Kebotix, den Entwicklungsprozess radikal zu beschleunigen und so schneller innovative Produkte auf den Markt zu bringen. Um diese Innovationspotenziale zu heben, müssen Unternehmen jedoch die richtigen Voraussetzungen schaffen. Dazu gehört zunächst der Aufbau von Kompetenzen im Bereich Data Science und KI, sei es durch die Weiterbildung eigener Mitarbeiter oder die Gewinnung entsprechender Talente. Zudem gilt es, eine Kultur der Innovation und Experimentierfreude zu etablieren, die es ermöglicht, neue Ideen schnell zu testen und aus Fehlern zu lernen.

Entscheidend ist auch die Frage, wie sich KI sinnvoll in bestehende Geschäftsprozesse und IT-Systeme integrieren lässt. Unternehmen sollten dabei schrittweise vorgehen und zunächst Pilotprojekte in ausgewählten Bereichen starten, um Erfahrungen zu sammeln und den Nutzen zu validieren. Eine solide Datenbasis und Datenqualität sind dabei ebenso erfolgskritisch wie die Entwicklung geeigneter Governance-Strukturen und Ethikstandards für den Umgang mit KI. Dabei ist es ratsam, von Anfang an auf eine skalierbare Architektur zu setzen, die eine nahtlose Integration der KI-Komponenten in die bestehende IT-Landschaft ermöglicht und gleichzeitig flexibel genug ist, um mit den dynamischen Entwicklungen in diesem Feld Schritt zu halten.

Insgesamt bietet KI enormes Potenzial für Unternehmen, neue Geschäftsfelder zu erschließen, innovative Produkte und Services zu entwickeln und sich so Wettbewerbsvorteile zu sichern. Doch der Weg dahin erfordert eine klare Strategie, die richtigen Fähigkeiten und Ressourcen sowie die Bereitschaft, sich auf Veränderungen einzulassen. Unternehmen, die diese Herausforderung annehmen und die Chancen der KI gezielt nutzen, können zu den Gewinnern des digitalen Wandels gehören. Allerdings sind mögliche Langzeitfolgen einer hochentwickelten KI schwer abzuschätzen – von extrem positiven bis hin zu extrem negativen, existenzbedrohenden Szenarien scheint alles möglich.

Angesichts dieser Aussichten stellt sich die Frage, wie eine sichere und zum Wohle der Menschheit ausgerichtete Weiterentwicklung der KI gelingen kann. Die Mehrheit der befragten Experten spricht sich dafür aus, die Erforschung der KI-Sicherheit stärker zu priorisieren als bisher. Regierungen sollten deutlich mehr Mittel dafür bereitstellen und robuste Mechanismen entwickeln, um KI-Systeme an menschlichen Werten und Interessen auszurichten. Die Zukunft der KI zu prognostizieren gleicht dem Blick in eine Kristallkugel. Zu viele Variablen sind im Spiel, zu komplex die Wechselwirkungen. Zu euphorischen Erwartungen oder apokalyptischen Untergangsszenarien besteht kein Anlass, ein gesundes Maß an Vorfreude und Vorsicht ist aber durchaus angebracht. Entscheidend ist, dass wir uns der enormen Gestaltungsaufgabe bewusst sind und mit Weitblick, Verantwortungsbewusstsein und internationaler Kooperation die Entwicklung zum Positiven lenken.

Quintessenz

Die rasante Entwicklung der künstlichen Intelligenz verspricht für die kommenden Jahrzehnte tiefgreifende Veränderungen in Wirtschaft und Gesellschaft. Experten rechnen damit, dass KI-Systeme schon bald komplexe Aufgaben meistern und bis 2047 die menschliche Leistungsfähigkeit in vielen Bereichen übertreffen werden. Dies birgt enormes Potenzial für Effizienzsteigerungen und Innovationen, stellt aber auch etablierte Jobprofile infrage. Gerade in Branchen wie dem Gesundheitswesen, Rechtswesen oder in Kreativberufen könnte KI zunehmend Aufgaben übernehmen. Unternehmen und Gesellschaft müssen sich proaktiv mit den Chancen und Risiken der Automatisierung auseinandersetzen. Lebenslanges Lernen, neue Kompetenzen und die Gestaltung der Zusammenarbeit von Mensch und KI werden zu zentralen Erfolgsfaktoren. Dabei gilt es, den technologischen Wandel mit einem Dreiklang aus Wirtschaftlichkeit, sozialer Verantwortung und ethischen Standards zu gestalten.

Gleichzeitig ermöglicht KI Unternehmen, durch datengetriebene Einblicke in Kundenbedürfnisse, Optimierung von Prozessen und Entwicklung neuartiger Produkte zusätzliche Geschäftsfelder zu erschließen. Dies erfordert strategisches Vorgehen, neue Fähigkeiten und eine offene Innovationskultur. Es gilt, die Chancen und Herausforderungen der KI-Revolution proaktiv anzunehmen, um eine lebenswerte, menschenzentrierte Zukunft zu gestalten, in der technologischer Fortschritt und gesellschaftliche Werte in Einklang stehen.

16 Datenknappheit vs. Datenexplosion

Daten sind der Treibstoff für jede KI-Anwendung. Ohne ausreichende Mengen an qualitativ hochwertigen Daten ist es unmöglich, leistungsstarke KI-Modelle zu trainieren und zuverlässige Ergebnisse zu erzielen. In der Praxis stehen Unternehmen jedoch häufig vor einem Dilemma: Einerseits hat die exponentielle Zunahme an digitalen Daten in den letzten Jahren zu einer regelrechten Datenexplosion geführt. Andererseits ist der Zugriff auf relevante und hochwertige Daten für spezifische KI-Anwendungen oft stark begrenzt. Diese Kluft zwischen theoretisch verfügbaren Datenmengen und praktisch nutzbaren Daten stellt Unternehmen vor große Herausforderungen. Die schiere Menge an Daten, die täglich generiert werden, ist atemberaubend. Schätzungen gehen davon aus, dass im Jahr 2022 weltweit ca. 97 Zettabytes an Daten generiert, erfasst, kopiert und konsumiert wurden. Diese Zahl soll bis 2025 auf 181 Zettabytes ansteigen. Ein Zettabyte entspricht dabei einer Trillion Gigabytes – eine unvorstellbar große Datenmenge. Ermöglicht wird diese Datenexplosion durch die rasante technologische Entwicklung. Folgt man dem Mooreschen Gesetz, verdoppelt sich die Rechenleistung und Speicherkapazität etwa alle zwei Jahre. So waren im Jahr 1977 für einen Terabyte Speicherplatz noch über 100 Millionen Dollar nötig – heute kostet ein 1-TB-Laufwerk weniger als 100 Dollar. Hinzu kommen das Wachstum des Internets, die zunehmende Nutzung mobiler Endgeräte und der Boom des Internet of Things. All diese Faktoren tragen dazu bei, dass die Datenmenge exponentiell wächst.

Der Zugang zu den für viele KI-Anwendungen benötigten spezifischen, strukturierten und annotierten Daten ist stark eingeschränkt – dies aus verschiedenen Gründen: Häufig ist die Erfassung und Aufbereitung der Daten sehr zeitaufwendig und mit hohen Kosten verbunden. Auch die geltenden Datenschutzbestimmungen erschweren die Sammlung personenbezogener Daten erheblich. In spezialisierten Anwendungsdomänen existieren zudem oftmals keine großen, nutzbaren Datensätze.

Wo relevante Daten vorhanden sind, liegen sie in der Regel über diverse Quellen verstreut vor und stehen nicht zentral zur Verfügung. Nicht zuletzt haben Unternehmen aus Wettbewerbsgründen kein Interesse daran, ihre wertvollen Datenbestände zum Training von KI-Systemen zur Verfügung zu stellen.

All diese Faktoren führen dazu, dass der Datenzugang für viele Organisationen zu einer der größten Hürden auf dem Weg zur KI-Nutzung wird. In der Folge fehlt es trotz der allgemeinen Datenexplosion gerade in Unternehmen und Forschungseinrichtungen oft an spezifischen Daten in ausreichender Qualität und Menge, um KI-Modelle für individuelle Anwendungsszenarien zu trainieren. Dieses Spannungsfeld zwischen einem theoretischen Überfluss und einem praktischen Mangel an Daten ist charakteristisch für viele KI-Projekte. Es zu verstehen und aufzulösen ist eine zentrale Herausforderung. Professionale Datensammlung ist in der Praxis häufig mit hohem zeitlichen und finanziellen Aufwand verbunden. Während allgemeine Daten wie Texte, Bilder oder Videos in enormen Mengen im Internet verfügbar sind, müssen domänenspezifische Daten oft erst mühsam erfasst und annotiert werden. In der industriellen Qualitätskontrolle beispielsweise müssen Tausende von Produktfotos mit Fehlerannotationen versehen werden, um ein KI-Modell zu trainieren.

Verschärft wird das Problem durch strenge Datenschutzbestimmungen. Gerade wenn es um sensible Daten wie Gesundheitsinformationen oder Finanztransaktionen geht, schränken gesetzliche Vorgaben wie die EU-DSGVO die Sammlung und Nutzung erheblich ein. Unternehmen müssen sicherstellen, dass sie die Einwilligung der Betroffenen einholen und die Daten gemäß den Vorschriften pseudonymisieren oder anonymisieren. Hinzu kommt, dass in vielen spezialisierten Bereichen schlichtweg keine großen historischen Datensätze existieren. Ein Start-up, das KI-basierte Diagnoseunterstützung für seltene Krankheiten entwickeln möchte, kann nicht auf umfangreiche Datenbanken zurückgreifen. Die benötigten Daten müssen oft erst über klinische Studien oder Partnerschaften mit Krankenhäusern generiert werden – ein langwieriger und kostspieliger Prozess. Ohne ausreichende Trainingsbeispiele ist es nicht möglich, robuste und generalisierbare Modelle zu entwickeln. Kleine Datensätze führen oft zu Overfitting – die KI funktioniert zwar auf den Trainingsdaten, scheitert aber an realen Anwendungsfällen. Auch Probleme wie Bias und Fairness werden durch mangelnde Datenvielfalt verstärkt.

Wenn beispielsweise ein Personalauswahlsystem hauptsächlich mit Daten einer ethnischen Gruppe trainiert wird, besteht die Gefahr, dass es diskriminierende Entscheidungen trifft. Um das Problem der Datenknappheit zu adressieren, müssen Unternehmen strategisch vorgehen. Eine Möglichkeit besteht darin, effiziente Prozesse für die kontinuierliche Erfassung und Annotation relevanter Daten im laufenden Betrieb zu etablieren. Dabei können nen Ansätze wie Active Learning helfen, den manuellen Annotationsaufwand zu reduzieren. Auch der Zukauf existierender Datensätze oder Datenpartnerschaften mit anderen Unternehmen können eine Option sein, schnell an mehr Trainingsdaten zu gelangen. Allerdings ist dabei stets eine sorgfältige rechtliche und ethische Prüfung nötig.

Ein vielversprechender Ansatz sind zudem synthetische Daten. Dabei werden KI-Modelle genutzt, um künstliche Trainingsdaten zu generieren, die realen Daten statistisch ähneln, ohne sensible Informationen zu enthalten. Diese Technik wird bereits erfolgreich eingesetzt, um Datensätze für spezielle Anwendungen zu erweitern und Verzerrungen auszugleichen. Das Thema Datenknappheit erfordert somit von Unternehmen eine vorausschauende Planung, kreative Lösungen und die Bereitschaft, langfristig in den Aufbau qualitativ hochwertiger Datensätze zu investieren. Ein Blick auf die Ursachen der Datenexplosion zeigt, dass diese eng mit dem technologischen Fortschritt verknüpft ist. Die Kosten für die Datenspeicherung und -verarbeitung sinken seit Jahren drastisch. Dadurch wird es für Unternehmen zunehmend erschwinglich, riesige Datenmengen zu erfassen, zu speichern und zu analysieren. Hinzu kommt die wachsende Nutzung digitaler Dienste und vernetzter Geräte. Vom Smartphone über soziale

Medien bis hin zum Internet of Things produzieren Milliarden von Nutzern und Sensoren permanent Daten. Viele Unternehmen haben erkannt, dass diese Daten ein wertvolles Gut sind, und haben die Datenhaltung und -analyse zu einem zentralen Teil ihres Geschäftsmodells gemacht. Tech-Giganten wie Google, Facebook oder Amazon sind dafür prominente Beispiele.

Die schiere Menge an Daten ermöglicht es KI-Systemen, Muster und Zusammenhänge zu erkennen, die für Menschen nicht offensichtlich sind. Durch das Training auf verschiedensten Datentypen und -quellen können die Modelle Wissen verknüpfen und so zu neuen Erkenntnissen gelangen. Unternehmen können diese Fähigkeiten nutzen, um bessere Entscheidungen zu treffen, Prozesse zu optimieren, Innovationen voranzutreiben und ganz neue Produkte und Dienstleistungen zu entwickeln. Eine in der Praxis hochrelevante Hürde ist die Gewährleistung der Datenqualität. Bei der Analyse riesiger, häufig unstrukturierter Datensätze ist es nicht immer einfach, die Qualität und Verlässlichkeit der Informationen sicherzustellen. Fehlerhafte, unvollständige oder inkonsistente Daten können zu verfälschten Analyseergebnissen und fehlerhaften Entscheidungen führen. Unternehmen müssen daher Strategien entwickeln, um die Datenqualität kontinuierlich zu überwachen und zu verbessern. Auch die schiere Menge der Daten stellt Unternehmen vor Probleme.

Die Speicherung und Verarbeitung von Petabytes oder gar Exabytes an Informationen erfordert eine hoch skalierbare Infrastruktur. Unternehmen müssen in leistungsfähige Hardware, Netzwerke und Datenmanagement-Systeme investieren, um mit dem Wachstum der Datenvolumina Schritt zu halten. Zudem gilt es, effiziente Verfahren zu implementieren, um relevante Informationen aus den riesigen Datenbergen herauszufiltern. Nicht zuletzt stellen sich mit der Datenexplosion auch verstärkt Fragen des Datenschutzes und der ethischen Nutzung von Daten. Mit den wachsenden Datenbeständen steigt das Risiko von Datenlecks und Missbrauch. Unternehmen müssen sicherstellen, dass sie die Privatsphäre ihrer Nutzer schützen und geltende

Datenschutzbestimmungen einhalten. Gleichzeitig gilt es, Transparenz zu schaffen und sicherzustellen, dass Daten nicht zur Diskriminierung oder Manipulation von Menschen eingesetzt werden. Einzigartige oder proprietäre Daten sind eine erste wichtige Wertkategorie. Dabei handelt es sich um Informationen, die einem Unternehmen exklusiv zur Verfügung stehen und nicht ohne Weiteres von Wettbewerbern repliziert werden können. Ein Beispiel sind die detaillierten Nutzungsdaten, die Netflix über das Streaming-Verhalten seiner Abonnenten sammelt. Auf Basis dieser Daten kann Netflix mithilfe von KI-Algorithmen personalisierte Filmempfehlungen geben und passgenaue Inhalte produzieren. Die Exklusivität der Daten verschafft dem Unternehmen einen Vorsprung, der schwer aufzuholen ist.

Eine zweite Form des Datenwerts sind latente Daten. Damit sind Informationen gemeint, die zwar erfasst wurden, aber bisher nicht effektiv genutzt werden. Oft schlummern solche Schätze in den Datensilos großer Organisationen. Mithilfe von KI-Technologien wie Text Mining oder Predictive Analytics lassen sich aus diesen Beständen wertvolle Erkenntnisse gewinnen. So könnte eine Versicherung beispielsweise ihre Schadensakten analysieren, um Muster zu erkennen, die auf Versicherungsbetrug hindeuten. Durch die Nutzung von KI werden die latenten Daten zu einer neuen Quelle der Wertschöpfung. Domänenspezifische Daten stellen eine dritte Kategorie dar. Hierbei geht es um Informationen, die speziell auf eine bestimmte Branche oder Anwendungsdomäne zugeschnitten sind. Für ein Unternehmen, das KI-gestützte Diagnosesysteme für seltene Krankheiten entwickelt, sind medizinische Fachpublikationen, klinische Studien und anonymisierte Patientenakten von unschätzbarem Wert.

Je spezifischer und fachlich fundierter die Daten sind, desto bessere Ergebnisse lassen sich damit erzielen. Der Aufbau domänenspezifischer Datensätze ist oft aufwendig, zahlt sich aber durch maßgeschneiderte KI-Lösungen aus. Eine vierte Form des Datenwerts sind »goldene« Daten von höchster Qualität und Präzision. Damit sind Informationen gemeint, die besonders sorgfältig kuratiert, bereinigt und angereichert wurden. Für ein autonomes Fahrzeug beispielsweise sind exakte Kartendaten und präzise Sensormessungen unverzichtbar. Fehler oder Ungenauigkeiten können hier gravierende Folgen haben. Der Wert der Daten bemisst sich an ihrer Verlässlichkeit. Unternehmen müssen oft erheblich in Datenqualität investieren, um KI-Systeme mit »goldenen« Daten zu versorgen.

Die fünfte Wertkategorie sind Katalysator-Daten. Hierbei handelt es sich um Informationen, die selbst keinen unmittelbaren Wert besitzen, aber den Wert anderer Daten steigern. Ein Beispiel sind Metadaten, die den Kontext und die Herkunft von Informationen beschreiben. Für sich genommen sind Metadaten wenig nützlich. In Kombination mit den eigentlichen Inhaltsdaten ermöglichen sie jedoch eine effektivere Organisation, Auffindbarkeit und Interpretation. Auch verknüpfte Daten aus unterschiedlichen Quellen können als Katalysator wirken, indem sie Zusammenhänge sichtbar machen und neue Analysemöglichkeiten eröffnen. Oft liegt der Schlüssel im Zusammenspiel unterschiedlicher Datenwerte.

Ein Beispiel dafür liefert der Agrarkonzern John Deere. Das Unternehmen stattet seine Landmaschinen mit einer Vielzahl von Sensoren aus, die kontinuierlich Daten über den Zustand der Fahrzeuge und die Beschaffenheit des Ackerbodens erfassen. Diese proprietären Echtzeit-Daten (Typ 1) werden mit umfangreichen historischen Wetterdaten und Geodaten (Typ 3) verknüpft. Durch die KI-gestützte Analyse dieser Datenkombination kann John Deere seinen Kunden präzise Empfehlungen geben, wann und wo sie ihre Felder bestellen sollten. Die Sensordaten dienen dabei zugleich als Katalysator (Typ 5), um den Wert der externen Datensätze zu steigern. Unternehmen, die verschiedene Formen des Datenwerts geschickt kombinieren und durch den Einsatz von KI veredeln, verschaffen sich einzigartige Wettbewerbsvorteile. Eine strategische Sicht auf die eigenen Datenbestände und zielgerichtete Investitionen in die wertvollsten Datenkategorien sind daher unerlässlich, um das volle Potenzial von KI auszuschöpfen.

Ein vielversprechender Ansatz, um der Datenknappheit in speziellen Anwendungsdomänen zu begegnen, sind synthetische

Daten. Dabei werden KI-Modelle genutzt, um künstliche Datensätze zu generieren, die statistisch realen Daten ähneln, ohne sensible Informationen preiszugeben.

Das Grundprinzip ist einfach: Zunächst wird ein generatives KI-Modell auf einem existierenden Datensatz trainiert, um die zugrunde liegende Datenverteilung zu »erlernen«. Anschließend kann dieses Modell genutzt werden, um eine beliebige Menge neuer Datenpunkte zu erzeugen, die zwar künstlich sind, aber die gleichen Eigenschaften und Muster aufweisen wie die Originaldaten. Sie ermöglichen es, auch dort große Trainingsdatensätze zu erstellen, wo reale Daten rar oder schwer zu beschaffen sind. Ein Beispiel ist die medizinische Bildgebung, wo Aufnahmen bestimmter seltener Krankheitsbilder Mangelware sind. Durch die Generierung synthetischer Röntgen- oder MRT-Bilder lässt sich diese Lücke schließen. Synthetische Daten helfen dabei, Verzerrungen und Ungleichgewichte in den Originaldaten auszugleichen. Wenn ein Datensatz beispielsweise hauptsächlich Beispiele einer bestimmten ethnischen Gruppe enthält, kann dies zu einem Bias im trainierten KI-Modell führen.

Durch gezielte Generierung unterrepräsentierter Datenpunkte lässt sich die Fairness und Robustheit der Modelle verbessern. Einige Experten interpretieren einen synthetischen Einsatz auch als eleganten Ausweg aus dem Datenschutzdilemma. Da die generierten Daten keine echten Personen oder Vorgänge abbilden, können sie bedenkenlos geteilt und veröffentlicht werden. Das erleichtert die Zusammenarbeit zwischen Unternehmen und Forschungseinrichtungen enorm. Allerdings sind auch synthetische Daten kein Allheilmittel. Die Qualität der generierten Daten hängt entscheidend von der Qualität des ursprünglichen Trainingsdatensatzes ab. Wenn dieser fehlerbehaftet oder unvollständig ist, werden sich die Probleme auf die synthetischen Daten übertragen. Zudem erfordert die Generierung großer Mengen qualitativ hochwertiger Daten erhebliche Rechenressourcen. Der versierte Umgang mit Daten ist im Zeitalter der Künstlichen Intelligenz keine Kür, sondern eine Kernkompetenz, die über den Unternehmenserfolg entscheidet.

Quintessenz

Daten sind der Treibstoff für KI und entscheiden maßgeblich über Erfolg oder Misserfolg beim Einsatz der Technologie. Unternehmen stehen dabei vor einem Spannungsfeld: Einerseits nimmt die Gesamtmenge an digitalen Daten exponentiell zu, andererseits herrscht gerade für spezifische Anwendungsfälle oft ein Mangel an passgenauen, qualitativ hochwertigen Trainingsdaten. Um dieser Herausforderung zu begegnen, ist eine klare Datenstrategie unverzichtbar. Welche Daten sind bereits vorhanden, aber werden noch nicht effektiv genutzt? Welche Daten sind besonders wertvoll oder von herausragender Qualität? Und welche Daten können als Katalysator wirken, um den Wert anderer Informationen zu steigern?

Daten sind ein strategisches Asset, das aktiv gemanagt werden muss. Ein tiefes Verständnis für die verschiedenen Formen des Datenwerts, gepaart mit einer gezielten Aktivierung der eigenen Datenbestände, ist der Schlüssel, um die Potenziale der Datenexplosion zu heben und gleichzeitig die Risiken der Datenknappheit zu minimieren. Unternehmen, denen dieser Spagat gelingt, verschaffen sich einen entscheidenden Wettbewerbsvorteil im KI-Zeitalter. Für die praktische Umsetzung bedeutet das: Rücken Sie das Thema Daten ganz nach oben auf die strategische Agenda. Identifizieren Sie Quick Wins, um den Wert vorhandener Daten zu heben. Initiieren Sie Projekte zum Aufbau kritischer Datensätze, beispielsweise für spezifische KI-Anwendungen. Investieren Sie in Dateninfrastruktur und -kompetenzen. Und vor allem: Fördern Sie eine Kultur, die den Wert von Daten schätzt und innovativ nutzt.

17 Veränderung der rechtlichen Rahmenbedingungen

Juristen diskutieren seit Langem über die rechtlichen Herausforderungen bei der Implementierung von Künstlicher Intelligenz. In diesem Kapitel soll es um die betroffenen Rechtsnormen gehen, um Fragen von Urheberrecht und Patentschutz, um den rechtlichen Charakter der Regulierung durch den EU AI Act und zu erwartende, künftige Veränderungen der rechtlichen Rahmenbedingungen. Denn zumindest aus der Politik und seitens Lobbyisten wurde in den letzten Monaten immer wieder beklagt, dass beispielsweise das geltende Urheberrecht Innovationen ausbremst. Zudem ist es durchaus spannend, wie sich die Rechtsprechung selbst, die Arbeit von Rechtsanwälten, Staatsanwaltschaften und Gerichten, verändern wird. Die folgenden Ausführungen sind eine journalistische Aufarbeitung und stellen keine Rechtsberatung dar.

Die drei häufigsten Fragen drehen sich um mögliche Rechte und Verantwortlichkeiten der Künstlichen Intelligenz. Die Fragen sind durchaus berechtigt, wenn man zum einen an die Generative KI denkt, die sich als Texter, Grafiker, bild- und Videogenerator sowie Komponist und Musiker präsentiert, und andererseits an KI-Lösungen, die Grundlagen und Empfehlungen für Entscheidungen liefern, die Interessen und Rechte von Bürgern oder Unternehmen betreffen, oder gar künftig selbst diese Entscheidungen treffen könnten. Grundsätzlich kann die KI selbst keine Rechte proklamieren, da sie keine natürliche oder juristische Person ist. Vielmehr ist derjenige – die Person, das Unternehmen oder die Institution –, welcher die Künstliche Intelligenz betreibt, einsetzt oder kontrolliert, verantwortlich und nimmt Rechte und Pflichten wahr. Dies hat Relevanz bei Fragen zur Haftung oder zum Datenschutz. Im Kontext des Urheberrechtsgesetzes oder bei Fragen zur Patentfähigkeit von durch die KI generierten

Werken, stellt sich aber zudem die Frage nach einer persönlichen Schöpfungshöhe. Diese kann eine KI regelmäßig nicht reklamieren. Im Einzelfall höchstens ihr Nutzer, wenn der Beitrag der KI lediglich einen geringeren Anteil an der Werkschöpfung hat und umgekehrt der Mensch – trotz Nutzung der Künstlichen Intelligenz als Werkzeug – eine eindeutige persönliche, geistige Schöpfung erbracht hat. Dazu gehört nach übereinstimmender Meinung vieler Rechtsexperten keinesfalls, lediglich einen Prompt als Eingabebefehl beizusteuern. Auch die Patentierbarkeit eines Werks hängt von Art und Umfang der KI-Beteiligung ab. Ein KI-generiertes Werk genießt keine Schutzrechte. Umgekehrt können die Entwicklung, der Betrieb und die Nutzung von Lösungen der Künstlichen Intelligenz maßgeblich gegen die Urheberrechte Dritter verstoßen. Zum Beispiel, aber nicht nur, durch die Verwendung von Trainingsdaten ohne ausreichende Nutzungsrechte. Auch die generierten Ergebnisse der KI und deren Veröffentlichung können zur Urheberrechtsverletzung führen.

Der Unterschied der Nutzung von Generativer KI gegenüber etablierten Grafikdesign-, Text- oder Bildverarbeitungswerkzeugen liegt in dem derzeitigen promptbasierten Ansatz, welcher die Künstliche Intelligenz veranlasst, einen oder mehrere Vorschläge zu generieren, die mit möglichst hoher Wahrscheinlichkeit den Wunschergebnissen des Nutzers nahekommt. Am deutlichsten wird dies am Beispiel eines Buchautors: Textverarbeitungsfunktionen, die Rechtschreib- oder Grammatikfehler entdecken, oder Schreibstil-Analysefunktionen in Autorensystemen sind Werkzeuge, die dem Schriftsteller helfen, sein Werk zu verbessern und möglichst fehlerfrei zu veröffentlichen. Ob diese Hilfsfunktionen sich bei den Fähigkeiten der KI bedienen, spielt keine Rolle, solange der Autor schreibt. Ein selbstverfasstes Werk mittels ChatGPT & Co. zum Beispiel einkürzen zu lassen, greift in aller Regel nicht die persönliche Schöpfungshöhe beim Text an, solange der Autor die Vorschläge der KI selbst prüft und fallweise umsetzt. Die Flut an schnell und lieblos mittels Generativer KI erzeugten »Bücher« – vor allem im niedrigpreisigen E-Book-Sortiment -, bei denen die

17 Veränderung der rechtlichen Rahmenbedingungen 183

Herausgeber lediglich in einem Prompt wenige Vorgaben zum Thema eingegeben haben, stellen dagegen kein Werk im Sinne des Urheberrechts dar und können zudem sogar gegen die Geschäftsbedingungen von Amazon & Co. sowie Verlagsverträge verstoßen und im Einzelfall auch Betrugs-Tatbestände erfüllen.

Auf diesem rechtlichen Status quo werden wir jedoch nicht dauerhaft verbleiben können, so wie auch Universitäten und Schulen die KI-Nutzung durch Schüler und Studenten kaum wirksam verbieten und langfristig als Form des Täuschungsversuchs betrachten können. Bei jeder neuen Technologie stellt sich schnell die Frage, wie zeitgemäß Gesetzesnormen und Verordnungen sind, die teils aus einer Zeit stammen, in der die Fähigkeiten heutiger KI-Lösungen höchstens eine Art fantasievoller Zukunfts-Vision waren. Juristen wissen aber, dass sich viele Gesetze auch im technologischen Wandel als äußerst robust beweisen, und diskutieren daher seltener über Notwendigkeiten zur Umformulierung als über die Anwendbarkeit von Normen im Kontext der modernen Technologie. Spricht das Urheberrechtsgesetz also von persönlichen geistigen Schöpfungen als Werke, die geschützt sind, und beschreibt die Eigenschaften von Urhebern und Miturhebern, dann liest sich das aus juristischer Sicht wie Klartext in der zweifelsfreien Einschätzung der Nichturheberschaft einer KI und der nicht vorhandenen Schutzfähigkeit von überwiegend durch die KI generierten Ergebnissen.

Dennoch werden immer wieder politische Stimmen zitiert und Lobbyisten-Meinungen reflektiert, dass das derzeitige Urheberrecht dringend eine Überarbeitung braucht. Gemeint sind damit weit häufiger Auflockerungen der Schutzrechte, die es dann den Entwicklern von KI-Lösungen deutlich einfacher und kostengünstiger machen, ihre Sprachmodelle mit großen Mengen an Daten zu trainieren – ohne im Zweifelsfall endlose Lizenzvereinbarungen mit einzelnen Urhebern treffen zu müssen. Aber es gibt auch durchaus Stimmen von hauptberuflich Kreativen, die KI-Anwendungen als längst etablierte Werkzeuge ihrer Content-Produktion ansehen und sich Sorgen machen, dass die

Schutzfähigkeit ihrer Werke, trotz persönlicher Schöpfungshöhe latent in Zweifel gezogen wird.

Diese Beispiele zeigen, dass wir trotz – oder gerade wegen – der immens hohen Innovationsdynamik der Künstlichen Intelligenz noch einen weiten Weg zu gehen haben, bis die typischen rechtlichen Streitpunkte rund um den Einsatz von KI durch den Instanzenweg ausgeurteilt sind oder der Gesetzgeber Notwendigkeiten zur Ergänzung oder Anpassung von bislang bewährten Normen sieht und umsetzt. Insbesondere gilt auch immer zu beachten, dass wir uns nicht international isolieren. Gleichzeitig werden wir aber auch deutliche Veränderungen in der Nutzung der Künstlichen Intelligenz, vor allem der Generativen KI, sehen: Die veränderten Bedienoberflächen und die Einbindung der Technologie in Branchenlösungen und Kreativwerkzeuge werden schrittweise die Rolle des KI-Nutzers stärken. Es macht eben einen riesigen Unterschied, ob uns DALL-E oder Midjourney auf Basis eines Textprompts Bilder generieren oder eine Bildbearbeitungssoftware wie Adobe Photoshop ihre Kreativ-Werkzeuge mit Hilfe von KI immer leistungsfähiger gestaltet.

Doch die rechtlichen Herausforderungen bei der Nutzung und Etablierung von künstlicher Intelligenz im Unternehmen betreffen nicht nur Fragen des Urheberrechts. Über alle Arten der KI hinweg stellt sich natürlich die Frage der Haftung – insbesondere, wenn die KI maßgeblichen Anteil an Entscheidungen mit unerwünschten Folgen hatte. Mittlerweile sind Unternehmen aller Größenordnungen gewohnt, sehr sensibel und aufmerksam mit Bedenken hinsichtlich der Verarbeitung von sensiblen Daten umzugehen. Der Datenschutz spielt eine große Rolle und wird zum Beispiel durch den EU AI Act bestätigt und nicht etwa aufgeweicht. Die Gleichstellungs-Grundsätze und der Diskriminierungsschutz finden auch bei der rechtlichen Bewertung von KI Anwendung, ebenso gesetzliche Compliance-Auflagen und Transparenz-Richtlinien. Außerdem gewinnen die ethischen Maßstäbe im Mensch-Maschine-Kontext zu Recht an Bedeutung und werden auch im EU AI Act adressiert. Für die Arbeitswelten, und damit für jeden Unternehmer, ist zudem das geltende Arbeitsrecht eine wichtige Leitplanke bei der KI-Implementierung im Betrieb. Für alle diese Fragestellungen haben wir stabile Rechtsgrundlagen, die in analogen und digitalen Welten funktionieren. Eine Anpassung an künftige KI-Welten, das Aufweichen oder Schärfen, ist daher in vielen Fällen - isoliert für einzelne Rechtsgebiete betrachtet – nicht zwingend.

Die europäische Regulierung der Künstlichen Intelligenz, die ja Gesetzeskraft und Wirkung in allen EU-Mitgliedsstaaten entfaltet, wurde vielmehr motiviert aus der Erkenntnis, dass die KI potenziell so weitreichende Auswirkungen auf die Gesellschaft und für alle Bürger entfalten wird und so viele fundamentale Rechtsgebiete und Bürgerrechte betrifft, dass man frühzeitig negative Folgen verhindern oder zumindest minimieren muss. Dabei verfolgt das Risikoklassensystem die Zielsetzung sicherzustellen, dass die Technologie im Sinne der Menschen eingesetzt wird. Die Regulierung adressiert sowohl Hersteller wie Betreiber und greift umso stärker ein, je risikobehafteter der Einsatz gesehen wird. In einem eigenen Kapitel im ersten Teil dieses Buches haben wir die Prinzipien und die unternehmensrelevanten Aspekte bereits detailliert vorgestellt: Künstliche Intelligenz soll von Anfang an verantwortungsvoll entwickelt und eingesetzt werden. Zugleich soll für alle Beteiligten, die KI-Lösungen für den europäischen Markt entwickeln, in Verkehr bringen oder betreiben, eine erhöhte Rechtssicherheit geschaffen werden. Auch Haftungsfragen können durch die neuen spezifischen Rahmenbedingungen leichter geklärt werden.

Der EU AI Act, und das ist wichtig zu verstehen, ist aber vor allem eine Produktsicherheitsverordnung, die europäische Bürger vor Grundrechtsverletzungen schützen soll. Das Gesetz ist keine alleinige Antwort auf alle rechtlichen Fragen und ersetzt nicht Normen wie Datenschutzgrundverordnung, das Urheberrechtsgesetz oder das Telemediengesetz. Es ist im internationalen Vergleich eine Pionierleistung und soll begleitet werden durch eine Reihe von Maßnahmen und Verordnungen. Das Risikoklassensystem erlaubt dabei künftig immer wieder Neubewertungen und notwendige Anpassungen. Für Sie als Unternehmer hilft der AI Act, einfacher einen Überblick über Rechtskonformität Ihrer geplanten betrieblichen KI-Nutzung zu erhalten. Spannend wird dennoch, wie durchsetzungsstark sich das neugeschaffene Amt für Künstliche Intelligenz der Europäischen Kommission erweisen wird und wie die einzelnen Mitgliedsstaaten ihre nationalen Behörden einrichten werden. Auch ein globales Zusammenspiel mit einer gemeinsamen Stoßrichtung bleibt abzuwarten. Die Vereinten Nationen, vertreten durch Generalsekretär António Guterres, haben früh die Idee einer Internationalen KI-Aufsichtsbehörde unterstützt. Vorbild könnten Institutionen wie die Internationale Atomenergiebehörde sein. Die Stimmen, die eine solche Behörde auf UN-Ebene fordern, sind zahlreich, jedoch haben viele Mitgliedsstaaten erst einmal die Entwicklung in Europa abgewartet und gerade Länder wie die USA oder China stehen der Idee eher skeptisch gegenüber. Die Europäische Union wollte und will globale Standards setzen, aber schon beim Thema der biometrischen Überwachung im öffentlichen Raum und gewissen Formen des Social Scoring sind deutliche Differenzen festzuhalten. Eine Vorreiterrolle nehmen Länder wie die USA beim Einsatz von Künstlicher Intelligenz im Rechtswesen und bei der Strafvereitelung und Strafverfolgung ein. Das wird wiederum auch Einfluss auf Europa haben und einen ersten Belastungs- und Stresstest für den EU AI Act darstellen.

Die Anwendung von Künstlicher Intelligenz in der Straftataufklärung bietet erhebliche Möglichkeiten zur Verbesserung der Effizienz und Effektivität der polizeilichen Arbeit. KI-Systeme können enorme Datenmengen verarbeiten, Muster und Zusammenhänge erkennen, die menschlichen Ermittlern möglicherweise entgehen, und so helfen, komplexe Fälle schneller zu lösen. Eine typische KI-Anwendung in der Kriminalitätsbekämpfung ist auch die Vorhersageanalyse, die komplexe Algorithmen verwendet, um aus großen Datensätzen Muster und Trends zu erkennen. Dies kann dazu beitragen, kriminelle Aktivitäten vorherzusagen und proaktive

Maßnahmen zu ergreifen. Ein ähnlicher Ansatz könnte auf ungelöste Kriminalitätsfälle, die Cold Cases, angewendet werden, um mit Hilfe von KI möglicherweise übersehene Muster zu identifizieren. Ein gutes Beispiel dafür ist die Anwendung von KI in der DNA-Analyse. Mit den Fortschritten in der DNA-Sequenzierung und der KI können Ermittler nun DNA-Proben analysieren, die vorher als zu alt oder zu degradiert galten. KI kann helfen, diese Daten mit vorhandenen Datenbanken abzugleichen, um mögliche Übereinstimmungen zu finden. Auch Sicherheitsbehörden in Europa liebäugeln – nach US-Vorbild – mit dem Einsatz von KI in der Gefahrenabwehr, zum Beispiel mit der Software Gotham vom Anbieter Palantir. Dies hat viele Kritiker auf den Plan gerufen, denn es herrscht wenig Transparenz über die Methodik der Software. Aufgrund von Klagen hat sich bereits das Bundesverfassungsgericht damit beschäftigt und im Februar 2023 den Einsatz, speziell von Gotham, in der derzeitigen Form als verfassungswidrig eingestuft. Gerade die klaren Regelungen im EU AI Act werden aber eine Hilfe sein, um den künftigen Einsatz solcher KI-Lösungen rechtskonform zu gestalten und zu regeln.

Für Unternehmen relevanter sind die Veränderungen im Rechtswesen, die wir stufenweise beobachten werden. Die Stichworte lauten »Legaltech« und »Roboanwalt«. Viele Aufgaben in Kanzleien, Staatsanwaltschaften und an Gerichten können und werden von Künstlicher Intelligenz profitieren. Unternehmen beklagen ohnehin die langen Verfahrensdauern an deutschen Gerichten. In den USA setzen Kanzleien die KI immer häufiger zum Durchsuchen und Kategorisieren von Dokumenten und der Analyse von umfangreichen Vertragswerken ein. Gerade in M&A-Prozessen kann das hilfreich sein. Spannend für Unternehmen ist auch die KI-basierte »Litigation Prediction« zur Vorhersage von Urteilen in Rechtsstreitigkeiten. Die bereits umfangreichen standesrechtlichen KI-Regeln für US-Anwälte fordern Digitalkompetenz als Sorgfaltsstandard. Ein deutlicher Mehrwert für Mandanten und auch ein Vorbild für Deutschland.

Quintessenz

Die Künstliche Intelligenz selbst kann keine Rechtsansprüche geltend machen, da sie weder eine natürliche noch eine juristische Person ist. Sie kann auch nicht haftbar gemacht werden. Verantwortlich sind immer die Nutzer und Betreiber von KI-Systemen, die Rechte und Pflichten haben. Ein wichtiger Aspekt ist dabei die Frage der Schutzfähigkeit von KI-generierten Werken. Das Urheberrecht schützt Werke, die eine gewisse persönliche Schöpfungshöhe erfordern, die KI allein nicht erreichen kann. Der Einsatz von KI als Werkzeug zur Unterstützung menschlicher Kreativität ändert jedoch nicht zwangsläufig die Urheberschaft, solange der menschliche Beitrag dominierend bleibt.

Auch die Patentierbarkeit von überwiegend durch KI generierten Innovationen ist in der Regel nicht gegeben. Der betriebliche Einsatz von KI berührt zudem eine ganze Reihe weiterer Rechtsnormen: Datenschutz, Gleichheitsgrundsatz, Diskriminierungsschutz, Compliance-Regeln und Transparenzrichtlinien. Natürlich gehört auch das Arbeitsrecht dazu.

Der EU AI Act ist ein international wegweisendes Regelwerk für den Umgang mit KI in der Europäischen Union und dient vor allem dem Schutz der Grundrechte der Bürgerinnen und Bürger. Das Gesetz verwendet ein System von Risikoklassen und richtet sich an Hersteller, Händler und Betreiber von KI-Anwendungen. Aus Sicht der Unternehmen ergeben sich zusätzliche rechtliche Pflichten, aber die Rechtssicherheit wird erhöht und KI-Haftungsfragen klarer geregelt.

18 Die Rolle von KI im Unternehmen 2030 (und danach)

Künstliche Intelligenz gilt global als eine der Schlüsseltechnologien des 21. Jahrhunderts und wird in den kommenden Jahren erheblich zum wirtschaftlichen Erfolg von Unternehmen beitragen. Doch welche konkreten ökonomischen Auswirkungen sind zu erwarten? Eine Analyse des McKinsey Global Institute prognostiziert, dass KI bis 2030 einen zusätzlichen Beitrag von 13 Billionen US-Dollar zum globalen Bruttoinlandsprodukt leisten könnte. Dies entspräche einem jährlichen Wachstum von etwa 1,2 Prozent und würde die Weltwirtschaft auf ein neues Niveau heben. Ein Großteil dieses Wachstums wird darauf zurückzuführen sein, dass KI-Systeme die Produktivität in Unternehmen erheblich steigern. Laut einer Studie der Unternehmensberatung Accenture könnte der Einsatz von KI die Produktivität in entwickelten Volkswirtschaften bis 2035 um bis zu 40 Prozent erhöhen. Um Produktivitätsfortschritte zu erzielen und wettbewerbsfähig zu bleiben, müssen Unternehmen jedoch erheblich in KI-Technologien und die dafür nötige Infrastruktur investieren. Laut einer Umfrage des Branchenverbands Bitkom unter 500 Unternehmen in Deutschland planen 47 Prozent der Firmen, in den kommenden Jahren verstärkt in KI zu investieren. Dabei geht es nicht nur um die Anschaffung von Hard- und Software, sondern auch um den Aufbau von Kompetenzen und die Weiterbildung von Mitarbeitern.

In der Forschung und Entwicklung werden Künstliche Intelligenz und maschinelles Lernen im Jahr 2030 einen wahren Quantensprung bewirken. Stellen Sie sich folgendes Szenario vor: Ein Team von Ingenieuren und Produktdesignern arbeitet an der Entwicklung eines revolutionären Elektrofahrzeugs. Anstatt sich auf teure physische Prototypen zu verlassen, simulieren sie das gesamte Fahrzeug mitsamt aller Komponenten in einer virtuellen Umgebung. Mithilfe leistungsstarker KI-Systeme können sie in

Sekundenschnelle unzählige Simulationsläufe durchführen – von Crashtests bis zu Materialbeanspruchungsanalysen. Die KI analysiert zudem riesige Datenmengen zu Markttrends, Kundenfeedback und Nutzungsmustern ähnlicher Produkte. Auf dieser Basis schlägt das System Designanpassungen und neue Funktionen vor, die den Kundenanforderungen optimal entsprechen. Sogar die Formgebung der Karosserie wird von einer KI optimiert, die tausende Entwurfsvarianten berechnet und nach Kriterien wie Aerodynamik, Sicherheit und Fertigung bewertet. Dank KI-gestützter CAD-Software lassen sich die Designs dann praktisch im Handumdrehen für Prototypenbau, Simulation und Produktion aufbereiten. Jede Komponente wird auf Hochleistung, Energieeffizienz und Kostenoptimierung hin überarbeitet. Wo menschliche Ingenieure jahrelang tüfteln müssten, liefert die KI in Rekordzeit Lösungen, die sowohl Leistungsanforderungen als auch Nachhaltigkeitsziele erfüllen. Die Entwickler können sich dank KI voll auf die kreative Seite konzentrieren – das System erledigt die mühsame Feinarbeit von Berechnungen und Optimierungen im Hintergrund. Am Ende steht ein marktfähiges Produkt, das dank künstlicher Intelligenz den Nerv der Zeit trifft und in einem Bruchteil der Zeit der üblichen Entwicklungszyklen entstanden ist.

In den smarten Fertigungshallen der Zukunft arbeiten überall an der Produktionslinie Schwärme hochflexibler Roboter Hand in Hand mit der KI. Jede ihrer Bewegungen wird in Echtzeit von einem neuronalen Netzwerk überwacht, das auf Fehler oder Ineffizienzen scharf gestellt ist. Erkennt das System Abweichungen, passen die Roboter ihre Aktionen sofort an – selbstlernend und ohne menschlichen Eingriff. Sensoren scannen permanent jeden Produktionsschritt nach Mängeln. Wird eine fehlerhafte Komponente erkannt, meldet die KI dies umgehend und die Linie wird zur Inspektion angehalten, bevor weitere Ressourcen verschwendet werden. Dank prädiktiver Analysen antizipiert das System sogar mögliche Engpässe und leitet Gegenmaßnahmen ein, noch bevor Probleme auftreten.

18 Die Rolle von KI im Unternehmen 2030 (und danach)

Die gesamte Prozesskette wird von einer übergeordneten KI-Plattform choreografiert, die sämtliche Abläufe und Materialflüsse in Echtzeit steuert und optimiert. Durch kontinuierliches maschinelles Lernen erkennt sie Potenziale zur Effizienzsteigerung und Kosteneinsparung, die für Menschen nicht ersichtlich wären. Auch die Wartung läuft im Industriebetrieb 2030 auf Autopilot. Vorausschauende KI-Systeme werten laufend Sensor- und Leistungsdaten aller Maschinen aus. Droht eine Komponente auszufallen, werden automatisch Instandhaltungsteams entsandt. So lassen sich ungeplante teure Stillstände verlässlich verhindern.

Verschwendung ist in dieser intelligenten und vernetzten Produktionsumgebung praktisch ausgeschlossen. KI treibt die Automatisierung auf einem noch nie dagewesenen Niveau voran – für höchste Präzision, Effizienz und Produktqualität.

Die Lieferketten der Zukunft werden von einer alles überwachenden künstlichen Intelligenz gelenkt – einer nomadischen Logistik-KI, die ständig auf der Jagd nach der optimalen Route ist. Bevor sich irgendwo auf der Welt Lkws auf den Weg machen, haben übergreifende KI-Systeme bereits sämtliche Faktoren durchkalkuliert: Verkehrslage, Wetterdaten, politische Entwicklungen und eigene Lagerbestände. Selbst Unwägbarkeiten wie plötzliche Naturereignisse oder Pandemien werden dank Risikomodellen und präzisen Vorhersagen berücksichtigt. Auf Basis all dieser Echtzeitdaten erstellt die KI dynamisch die effizientesten Routen, um Güter und Vorprodukte vom Herkunfts- zum Bestimmungsort zu befördern. Per Knopfdruck werden Frachtunternehmen angeheuert, die aufgrund ihrer historischen Leistungsdaten als zuverlässigste Transporteure priorisiert werden.

Am Lager übernimmt eine weitere KI-Instanz die perfekte Orchestrierung der Bestände. Durch fortlaufende Bedarfsanalysen wird automatisch mehr Material nachbestellt – gerade genug, um Lagerplatz und Kapitalbindung zu minimieren. Dabei spielt es keine Rolle, ob es sich um Rohstoffe oder Vorprodukte aus unterschiedlichsten Quellen handelt. Kommt es bei einem Zulieferer zu Engpässen, wird die KI umgehend aktiv: Sie tauscht betroffene Materialien gegen Alternativprodukte aus oder leitet Ausweichplanungen in die Wege. Stillstände werden so bei minimalem Mehraufwand vermieden. Von der Lieferantenauswahl über die Transportoptimierung bis zum Bestandsmanagement wird die Lieferkette 2030 zur Ideallinie getrimmt: keine Verschwendung, optimale Effizienz, höchste Planbarkeit. Die KI denkt Lieferketten ganzheitlich und global – und bringt dadurch entscheidende Wettbewerbsvorteile.

Der gesamte Marketing- und Vertriebszyklus ist 2030 datengetrieben. Durch Künstliche Intelligenz wird er ressourcenschonend, kosteneffizient und dennoch äußerst ertragreich – der Schlüssel zu anhaltenden Wettbewerbsvorteilen.

Stellen Sie sich folgendes Szenario vor: Sie haben gerade ein neues technisches Gerät erworben und beim Auspacken fällt Ihnen ein kleiner Defekt auf. Keine Sorge, Sie müssen weder in eine endlose Hotline-Warteschlange noch den Fahrtwind zur nächsten Servicewerkstatt auf sich nehmen.

Dank der allgegenwärtigen KI-Assistenten im Jahr 2030 wird Ihr Problem blitzschnell gelöst. Sie starten einfach den Voice-Assistenten auf Ihrem Smartphone, schildern den Fehler in natürlicher Sprache und schon nimmt der digitale Kundenservice Fahrt auf.

Die KI erkennt dank Natural Language Processing und Bilderkennung umgehend die Art des Defekts. Blitzartig durchforstet sie riesige Datenbanken mit Millionen von Anleitungen, Diagnoseprotokollen und Lösungsvorschlägen aus aller Welt. Per Augmented Reality und 3D-Animation werden Ihnen dann auf dem Smartphone genaue visuelle Schritt-für-Schritt-Reparaturanleitungen angezeigt.

Sollte das Problem zu komplex sein, erstellt die KI automatisch einen Werkstatt-Termin für Sie. Auf Wunsch koordiniert sie sogar einen Abhol- und Lieferservice innerhalb weniger Stunden.

18 Die Rolle von KI im Unternehmen 2030 (und danach)

Kundenservice im Jahr 2030 ist nicht nur blitzschnell, sondern auch individuell und kompetent. Jede Serviceanfrage wird von einer einzelnen KI als persönlicher »Fall« behandelt. Das System lernt und speichert Nutzerpräferenzen, Problemhistorien und Lösungswege. So kann es bei Folge-Interaktionen noch präzisere Unterstützung liefern. Durch das kontinuierliche Hinzulernen von Milliarden Erfahrungswerten aus aller Welt perfektionieren sich KI-Service-Assistenten ständig weiter. Hochspezifische Module für einzelne Branchen oder Produktkategorien ergänzen das Wissen, um selbst ausgefallene Problemfälle meistern zu können. So avanciert Kundenservice zur Visitenkarte von Unternehmen, zum zentralen Differenzierungsmerkmal. Kunden fühlen sich jederzeit bestmöglich betreut, Probleme werden unmittelbar angegangen. Die KI sorgt für Vertrauen und Kundenbindung auf einem noch nie dagewesenen Niveau.

Der Faktor Personal wird im Unternehmen 2030 vollständig von künstlicher Intelligenz durchdrungen sein - angefangen beim Recruiting:

Stellen Sie sich eine intelligente Job-Matchmaking-Plattform vor, die Kandidaten und Arbeitgeber wie ein moderner Kuppler zusammenführt. Hier lädt der Bewerber mehr als nur einen Lebenslauf hoch - die KI durchleuchtet anhand von Persönlichkeitstests, Arbeitszeugnissen und Online-Aktivitäten das gesamte Profil.

Im Sekundentakt vergleicht das System die Kandidatendaten mit den detaillierten Anforderungsprofilen offener Stellen. Mittels psychometrischer Modelle und Persönlichkeitsanalysen bewertet die KI sogar die »Kultur-Fit«-Faktoren. Am Ende stehen die am besten geeigneten Personen basierend auf fachlichen und persönlichen Kriterien an oberster Stelle des Rankings. Doch die Rolle der KI im Personalmanagement endet nicht mit der Einstellung. Vielmehr kümmert sie sich fortan wie eine fürsorgliche Hausdame um das Wohl der Mitarbeiter. Beim Onboarding erstellt sie perfekt auf das Individuum zugeschnittene Einarbeitungspläne.

Alle Aufgaben, Lernmodule und Weiterbildungen werden automatisch koordiniert und überwacht.

Regelmäßige Befragungen, Produktivitätsdaten und digitale Interaktionsmuster zeichnen ein lückenloses Bild der Leistung und Stimmungslage jedes Teammitglieds. Erkennt die KI Anzeichen von Überlastung, Unterforderung oder gar Kündigungsabsichten, schlägt sie frühzeitig Gegenmaßnahmen vor. Die KI wird 2030 zum zentralen Taktgeber für Motivation und Leistungsanreize. Sie analysiert Arbeitsprofile, erkennt Stärken und empfiehlt passgenaue Weiterbildungen. Mitarbeiter erhalten in Echtzeit Coaching und Karriere-Empfehlungen für ihren nächsten Entwicklungsschritt. Gehaltsanpassungen und Boni werden vollautomatisch auf Basis von Leistungsdaten und firmenweiten Fairness-Regeln vergeben. So avanciert die Künstliche Intelligenz zur willkommenen, helfenden Hand auf dem Gebiet Personal – von der Talentsuche über die individuelle Fürsorge bis zur leistungsgerechten Vergütung. Sie schafft Gerechtigkeit, Motivation und das Idealbild einer Beschäftigtenzentrierten Arbeitsumgebung.

Die Bedrohungslandschaft für Unternehmen wird im Jahr 2030 überaus komplex und gefährlich sein. Doch dank des nicht ermüdenden Wachauges der künstlichen Intelligenz werden Cyberkriminelle kaum eine Chance haben. Stellen Sie sich eine KI-Einheit als neuronal vernetzten Sicherheitsdienst vor, der sämtliche IT-Systeme eines Unternehmens mit Argusaugen überwacht. Jeder Netzwerkverkehr, jede Nutzeraktion und jeder Prozess wird von der KI in Echtzeit auf Anomalien und Gefahrenmuster analysiert. Erkennt das System potenzielle Bedrohungsvektoren wie Malware, Phishing-Attacken oder verdächtige Nutzerbewegungen, schlägt es innerhalb von Nanosekunden Alarm. Firewalls werden hochgefahren, Zugriffe gesperrt, Daten isoliert – noch bevor ein Angriff durchdringen kann. Doch die KI beschränkt sich nicht nur auf Gefahrenabwehr, sie erkennt auch proaktiv Schwachstellen.

Durch kontinuierliches Monitoring und Lernen identifiziert sie Sicherheitslücken in Soft- und Hardware, noch bevor diese ausgenutzt werden können. Lückenhafte Infrastrukturen oder veraltete Systeme meldet die KI automatisch zur Behebung. Dabei lernen die neuronalen Sicherheitsnetze nicht nur aus globalen Bedrohungsdaten, sondern trainieren sich auch an den individuellen Mustern und Aktivitäten des Unternehmens. So können selbst hochspezifische, maßgeschneiderte Angriffsversuche erkannt werden.

Dank KI laufen im IT-Betrieb auch Routineaufgaben wie Software-Aktualisierungen, Patch-Verwaltung und Backups vollautomatisch im Hintergrund. Potenzielle Schwachstellen durch veraltete Systeme werden so von vornherein vermieden. In Sekundenschnelle analysiert und kontert die Sicherheits-KI jede noch so raffinierte Cyberattacke und antizipiert Risiken, die menschlichen Experten niemals auffallen würden. Sie ist Wächter, Rüstmeister und Burgherr über die digitalen Festungen der Unternehmen - ein ständig wachsames, kybernetisches Schutzsystem.

Die Künstliche Intelligenz wird im Jahr 2030 zu einer wahren Orakelmacht für Unternehmenslenker avancieren - einer allwissenden Ratgeberin für Strategien und Entscheidungen.

Sie wird 2030 zur obersten Schiedshalterin über unternehmerische Entscheidungen, zum künstlich-intelligenten Chefökonomen im Maschinenraum der Macht. Datengetrieben, aber dennoch menschenzentriert öffnet die KI Fenster zu neuen Gelegenheiten und warnt vor unsichtbaren Risiken. Eine willkommene, algorithmische Unterstützung für Verantwortungsträger.

Quintessenz

Die Integration von Künstlicher Intelligenz wird Unternehmen bis 2030 einen enormen Produktivitätsschub und Wettbewerbsvorteile bescheren. Laut Prognosen könnte KI das globale BIP um zusätzliche 13 Billionen US-Dollar steigern. Um von dieser Entwicklung zu profitieren, müssen Firmen jedoch jetzt in KI-Technologien und die nötige Infrastruktur investieren. Unternehmen, die frühzeitig auf den KI-Zug aufspringen, können sich durch Effizienzgewinne, Prozessoptimierungen und datengestützte Innovationen enorme Vorsprünge sichern. Dabei wird KI praktisch alle Bereiche durchdringen – von Produktentwicklung und Fertigung über Marketing bis hin zu Personalmanagement und Strategieplanung. Mittelständler können kostengünstig von skalierbaren.

KI-Lösungen profitieren, die Abläufe automatisieren, Kunden besser verstehen und Mitarbeiter optimal einsetzen. KI-Werkzeuge für Vertrieb, Service und Personalbindung sind jetzt schon verfügbar. Konzerne werden KI zur Etablierung datengetriebener, schlanker Organisationen nutzen. Künstliche Intelligenz ermöglicht dezentrale, selbststeuernde Strukturen für höchste Agilität und Anpassungsfähigkeit. Dabei sind verantwortungsvoller Umgang mit KI-Risiken und kontinuierliches Upskilling der Mitarbeiter unerlässlich. Lassen Sie sich von Best Practices und Expertenratschlägen inspirieren. Machen Sie Ihre Organisation zukunftsfit, indem Sie Strukturen für den produktiven Einsatz von KI schaffen.

19 KI-Arbeitswelten der Zukunft aus Mitarbeitenden-Sicht

Unternehmer, Geschäftsführer und Führungskräfte stehen beim Wettbewerb um Talente, aber vor allem bei der Zufriedenheit von Mitarbeiterinnen und Mitarbeitern vor wachsenden Herausforderungen. Einerseits ermöglicht die Digitalisierung flexiblere Arbeitswelten, ein Wunsch gerade von Nachwuchskräften, andererseits empfinden nicht wenige Mitarbeitende die verstärkte Remotearbeit und die überwiegend virtuellen Teamerfahrungen auch als Belastung und Verlust. Die oft jüngeren Generationen unterstellte schwindende Identifizierung mit Job und Arbeitgeber trifft in der Praxis auf Zukunftssorgen und Verunsicherung über sich rapide wandelnde Berufsbilder. Diese konzentrierte Zusammenfassung der quer durch die Branchen vorhandenen Probleme steht nicht im Widerspruch mit Spaß an der Arbeit, einer motivierenden Firmenkultur und hoher Arbeitsplatzqualität, für die sich Geschäftsführung und Personalabteilung täglich ins Zeug legen.

Veränderungen bringen idealerweise viele positive Aspekte mit sich, verursachen aber auch immer Verunsicherung. Angesichts sehr heterogener Interessen und Bedürfnisse der Mitarbeitenden besteht die Herausforderung für Unternehmen nicht darin, es vermeintlich »richtig« zu machen, sondern flexibel und agil zu sein, neue Technologien in eine gemeinsame Unternehmenskultur zu verankern und den Mitarbeitenden zu helfen, sich anzupassen, sich fortzubilden und vom technologischen Fortschritt zu profitieren. Dies gilt umso mehr angesichts der sogenannten »KI-Revolution«, die in hohem Tempo unsere Arbeitswelten nachhaltig beeinflusst. Bei der Erarbeitung einer KI-Policy im Unternehmen ist es daher sehr ratsam, mit hoher Empathie die Sicht der Mitarbeiterinnen und Mitarbeiter zu verstehen, zu antizipieren und zu berücksichtigen. Gleichzeitig sorgt ein solches

Dokument, idealerweise partizipativ erarbeitet und intensiv kommunikativ begleitet, für viel notwendige Sicherheit in der Belegschaft. Die Einführung von Künstlicher Intelligenz im Rahmen einer erarbeiteten Unternehmens-Strategie, mit einer langfristigen Vision zu künftigen Arbeitsplätzen sowie benötigten Skills auf Seiten der Mitarbeiter und mit einem Angebot für Weiterbildungsprogramme, steigert zudem Ihre Attraktivität als Arbeitgeber.

In einer Welt, die zunehmend von Künstlicher Intelligenz und rapiden technologischen Veränderungen geprägt ist, wird die Fähigkeit, sich kontinuierlich weiterzubilden und anzupassen, immer wichtiger. Lebenslanges Lernen ist nicht nur eine persönliche Bereicherung, sondern auch eine Notwendigkeit, um beruflich relevant zu bleiben und den Anforderungen moderner Arbeitsmärkte gerecht zu werden. Arbeitgeber, die das fördernd begleiten, haben verstanden, dass es rund um die KI – noch auf Jahre hinweg – keine einmalige Qualifikation gibt. Die Formulierung »KI-Erfahrung« in Stellenausschreibungen oder Bewerbungsunterlagen umschreibt keine normierte, abschließende Ausbildung, egal wie viele Zertifikatslehrgänge jetzt mit Urkunden als KI-Manager oder KI-Experte werben. Aber sie zeigt Technologieoffenheit und auf Seiten von Kandidaten den Wunsch und Ehrgeiz, sich auf die neuen Arbeitswelten einzulassen und sich weiterzubilden. Nicht mehr und nicht weniger. Viele traditionelle Berufe verändern sich oder verschwinden, während neue, oft hochspezialisierte Berufe entstehen. Diese Verschiebungen erfordern eine Belegschaft, die sich schnell anpassen und neue Fähigkeiten aneignen kann. Lebenslanges Lernen wird damit zu einem kritischen Element, das Menschen nicht nur ermöglicht, mit der technologischen Entwicklung Schritt zu halten, sondern auch aktiv an der Gestaltung dieser Entwicklungen teilzuhaben. Das sollten Sie als Unternehmen fördern. Die teilweise immer noch vorhandene Sicht auf berufliche Bildung und Qualifikation als etwas, das mit dem Eintritt ins Erwerbsleben weitgehend abgeschlossen ist, wird im hochdynamischen KI-Zeitalter zu Recht durch eine Kultur verdrängt, die das lebenslange Lernen fordert und fördert.

Unternehmen spielen eine immer zentralere Rolle in der Weiterbildung ihrer Mitarbeiter. Durch die Bereitstellung von Schulungen, Workshops und Weiterbildungsmöglichkeiten können Sie als Arbeitgeber dazu beitragen, dass Ihre Belegschaft kontinuierlich neue Fähigkeiten entwickelt, die auf Ihre KI-Strategie einzahlen. Diese Fähigkeiten im Umgang mit der Künstlichen Intelligenz können Sie noch auf längere Zeit nicht einfach als objektives Kriterium in die Aufgabenbeschreibung und Job-Anforderungen aufnehmen. Sie entwickeln sich so schnell weiter, dass Schulen und Bildungseinrichtungen hinter den aktuellen technologischen und beruflichen Veränderungen hinterherhinken. Die Lehrpläne müssen noch regelmäßiger überarbeitet werden, um relevante Kompetenzen zu vermitteln, die in einer digitalen Wirtschaft gefragt sind. Dafür werden große Anstrengungen unternommen, die aber stärker als bislang mit den betrieblichen Fortbildungen verzahnt sein werden.

Aus Sicht Ihrer Mitarbeiterinnen und Mitarbeiter, egal wie technologieoffen sie sind, steht die Künstliche Intelligenz in den Arbeitswelten für ganz konkrete Arbeitsplatzrisiken. Die Chancen für neue Berufsfelder, von denen Politiker sehr gerne und meist klischeehaft sprechen, erscheinen aber deutlich diffuser. Jeden Tag lesen wir in Medienberichten von Arbeitsplatzabbau und immer häufiger schreiben Journalisten von KI als Job-Killer. Diese Headlines meinen meist aber vor allem die Bedrohung traditioneller Berufe durch Automatisierung. Als neue Berufsfelder und Karrierechancen werden gerne die Rollen als KI-Entwickler, Datenanalytiker oder Spezialisten für Benutzeroberflächen genannt. Das dafür notwendige tiefe Wissen in Computerwissenschaften, Mathematik und Statistik lässt sich aber ebenso wenig auf die Schnelle aneignen wie die juristischen Kenntnisse eines Beauftragten für KI-Ethik und Recht. Junge Menschen, die jetzt vor der Frage eines zukunftssicheren Studiums oder einer Ausbildung stehen, können diese offensichtlichen Karrierechancen ergreifen. Den befürchteten Wegfall einer hohen Zahl an traditionellen Arbeitsplätzen kann das nicht kompensieren. Rationalisierung und

Automatisierung haben schon immer zum Job-Abbau geführt. Fließbandarbeiter in der Produktion und Montage werden nicht mehrheitlich zu Programmierern für Roboterarme. All das wissen Ihre Mitarbeiterinnen und Mitarbeiter und suchen nach konkreten Antworten und Perspektiven. Formulieren und kommunizieren Sie Ihre KI-Strategie daher so konkret wie möglich. Und machen Sie immer wieder deutlich, dass es bei KI nicht nur um Automatisierung und Kostensenkung geht.

Das unternehmerische Ziel einer erhöhten Effizienz ist erst einmal auch eine Chance für die Belegschaft. Die Künstliche Intelligenz kann eine Vielzahl monotoner und repetitiver Aufgaben übernehmen, was es Ihren Mitarbeitern ermöglicht, sich auf komplexere und erfüllendere Tätigkeiten zu konzentrieren. Dies trägt dann zur Jobzufriedenheit bei, indem es den Arbeitsalltag abwechslungsreicher und intellektuell stimulierender macht. Durch die Nutzung von KI können Arbeitsumgebungen weiterhin besser auf individuelle Bedürfnisse der Mitarbeiter abgestimmt werden. Beispielsweise können KI-basierte Analysetools zur Optimierung von Arbeitsplänen verwendet werden, um Überarbeitung zu vermeiden und eine ausgewogene Work-Life-Balance zu fördern. Und KI-Systeme helfen Ihren Mitarbeitern mit der Analyse komplexer Daten, fundiertere Entscheidungen zu treffen. Dies verringert dann die Arbeitsbelastung und erhöht gleichzeitig das Gefühl der Kompetenz und Autonomie am Arbeitsplatz. Nicht alle diese positiven Auswirkungen sind Selbstläufer und treffen auf alle Berufsfelder zu. Aber sie zeigen exemplarisch die Chancen der KI für das Mitarbeiterwohlbefinden. Und das sind auch Chancen für Sie als Unternehmerin und Unternehmer bei der Formulierung Ihrer KI-Policy und einer begleitenden Kommunikation, die sehr konkret die Sichtweise Ihrer Belegschaft aufgreift. Die Schlüsselbotschaft ist die Etablierung einer Leitlinie, die KI-Lösungen in den Dienst Ihrer Mitarbeiterinnen und Mitarbeiter stellt, als spezialisierter Kollege oder als analysemächtiger Helfer – aber nicht als Konkurrent um den Arbeitsplatz.

Weitere nicht zu unterschätzende Sorgen vieler Menschen betreffen den Datenschutz und eine Überwachung mittels Monitoring und Scoring. Auch diese Bedenken gegenüber den mächtigen Möglichkeiten der Künstlichen Intelligenz entspringen meist einer Mischung aus fiktionalen TV-Serien und Kinofilmen mit dystopischen Darstellungen einer KI-Nutzung und Medien-Headlines, die sich auf weltweite Beispiele von Überwachung und Profilbildung beziehen, die – ob mit und ohne KI-Unterstützung – in Europa gegen geltendes Recht verstoßen würden. Der Umstand, dass sich Ihre Mitarbeiter Sorgen über ein solches, theoretisch mögliches, kontinuierliches KI-Monitoring und eine personenbezogene Auswertung machen, bedeutet kein konkretes Misstrauen Ihrem Unternehmen gegenüber. Vielmehr mangelt es auch hier an einer notwendigen, proaktiven Kommunikation. Und an Transparenz über die Nutzung persönlicher Daten und den Einsatz von Profiling. Ihre Mitarbeitenden erleben seit Jahren, vielfach am Tag, wie Social-Media-Plattformen ihre Daten zur Bildung eines detaillierten, wachsenden Nutzerprofils verwenden, um Ihnen dann zielgerichtet Werbung ausspielen zu können. Sie lesen regelmäßig von der Datenmacht der E-Commerce-Giganten und von individuellen, profilabhängigen Preisbildungen. Sie haben gelernt, dass das Nutzerverhalten massiven Einfluss auf Ihre Kreditwürdigkeit hat, und sie hören immer wieder warnende Stimmen, dass die Künstliche Intelligenz mittlerweile nicht nur maßgeblich bei Kreditentscheidungen zum Einsatz käme, sondern auch – mutmaßlich – Bewerberprofile analysiert, Mitarbeiter bewertet und über Karrieren entscheidet. Dies sind keine Fantasiegeschichten und doch entsprechen sie nicht der tatsächlichen KI- und Datennutzung in Unternehmen. Hoffentlich zumindest, denn das wäre in den meisten Fällen nicht rechtmäßig.

Nutzen Sie dieses Beispiel und setzen Sie da mit Ihrer KI-Policy an! Formulieren Sie nicht nur die Pflichten von Mitarbeiterinnen und Mitarbeitern, sondern auch die ethischen und rechtlichen Grundsätze Ihres Unternehmens. Dabei hilft Ihnen der EU AI

Act. Im Trilog-Verfahren wurden ausgiebig die Risiken zum Eingriff in Rechte von Bürgern diskutiert, und die neuen rechtlichen Leitplanken für die KI in Europa greifen auch bei datenschutzrechtlichen und arbeitsrechtlichen Aspekten. Sprechen Sie das Thema personenbezogene Daten im partizipativen Dialog mit Ihrer Belegschaft an und entkräften Sie Bedenken durch Transparenz und eine klare Selbstverpflichtung, die ohnehin der Rechtslage und den Pflichten für Sie als Unternehmer entspricht. Gerade wenn Sie in Ihrem Unternehmen selbst stolz auf Wettbewerbsvorteile durch Datenanalyse sind oder gar - im rechtlich erlaubtem Umfang – mit umfangreichen Kundenprofilen arbeiten, sollten Sie die Gelegenheit nutzen und Ihren Mitarbeitern die Grundprinzipien des Datenschutz und die Bedingung des »berechtigten Interesses« erklären. Und da, wo Sie ein berechtigtes Interesse an einer – unter bestimmten Voraussetzungen – rechtmäßigen Auswertung von Mitarbeiterdaten haben, sollten Sie dies möglichst transparent gestalten, bevor es Gerüchte im Flurfunk gibt.

Wenn Mitarbeiter aktiv in die Planung und Entwicklung von KI-Systemen einbezogen werden, fühlen sie sich eher als Teil des Prozesses und weniger als Opfer der Automatisierung. Dies kann zu einer höheren Akzeptanz der Technologie führen und Widerstände gegen Veränderungen verringern. Und vergessen Sie nicht die Chancen: Mitarbeiter, die täglich mit spezifischen Arbeitsprozessen konfrontiert sind, verfügen über wertvolles Wissen, das bei der Gestaltung effektiver KI-Systeme genutzt werden kann. Ihr Input kann helfen, praktischere und zielgerichtetere KI-Anwendungen zu entwickeln, die tatsächlich den Arbeitsalltag verbessern. Ihre Mitarbeiterinnen und Mitarbeiter sind zudem nah dran an den Kunden und anderen Stakeholdern. Sie können daher gute Hinweise auf potenzielle Probleme wie Bias aufzeigen, die vom Management und den KI-Verantwortlichen sonst möglicherweise übersehen werden. Aber schützen Sie das Angebot zur Partizipation und die Einbindung von Mitarbeitern in die Entwicklung der KI-Strategie vor Ineffizienz: Die

Einbeziehung einer zu breiten Basis von Mitarbeitenden in den Entscheidungsprozess kann zeitaufwendig und ressourcenintensiv sein. Es erfordert sorgfältige Planung und Management, um sicherzustellen, dass der Prozess effizient bleibt und zu konkreten Ergebnissen führt. Und die sind besonders wichtig. Ohne angemessene Strukturen und Prozesse besteht bei einer großen Menge an Feedback und Ideen die Gefahr, dass wichtige Informationen übersehen werden oder Entscheidungsprozesse ins Stocken geraten. Eine aktive Moderation durch Ihre Unternehmenskommunikation und der Live-Dialog mit der Belegschaft sind in der Praxis deutlich effizienter als die Einrichtung von Diskussionsräumen im Intranet. Solche Foren für eine Vielzahl von Mitarbeitern können zu Konflikten führen, besonders wenn unterschiedliche Ansichten aufeinandertreffen. Und die sind beim Thema Künstliche Intelligenz vorprogrammiert.

Je früher und transparenter Sie Ihre Mitarbeiterinnen und Mitarbeiter über die Roadmap zum KI-Einsatz, Ihre Strategieprozesse und die geplante KI-Policy informieren, umso besser kann Ihre Kommunikationsabteilung signifikantes Feedback und polarisierende Sichtweisen in der Belegschaft identifizieren und mit Konfliktmanagementstrategien reagieren, um konstruktive Diskussionen zu fördern. In vielen Fällen ist dies gar nicht notwendig, denn schon die frühzeitige Information, die begleitende Kommunikation und das Angebot zur Partizipation sind vertrauensbildende Maßnahmen, die Mitarbeitende sehr zu schätzen wissen. Sie helfen Missverständnisse zu vermeiden und werden als wertschätzend empfunden. Die stärkste Botschaft, die Sie in Ihre Belegschaft senden können, ist das Aufzeigen der persönlichen Chancen und des konkreten Nutzens des KI-Einsatzes für die Mitarbeiterinnen und Mitarbeiter. Und kommunizieren Sie klar: Die Künstliche Intelligenz ist nicht die Wunderwaffe einzelner Kolleginnen und Kollegen, sondern Teamsache. Eine zukunftsorientierte Weichenstellung des Unternehmens mit einheitlichen Regeln.

Quintessenz

Die rasante Entwicklung der KI beeinflusst die Arbeitswelten grundlegend und erfordert von den Unternehmen eine agile Anpassung ihrer Unternehmenskultur und eine proaktive Einbindung der Mitarbeiter in diesen technologischen Wandel. Eine gut durchdachte KI-Strategie sollte daher empathisch auf die Bedürfnisse und Perspektiven der Beschäftigten eingehen. Entscheidend ist, dass Unternehmen eine partizipative Kultur fördern, in der die Beschäftigten aktiv an der Gestaltung und Umsetzung KI-gestützter Prozesse beteiligt sind. Diese Beteiligung kann dazu beitragen, Unsicherheiten zu minimieren und eine breite Akzeptanz für den Einsatz von KI zu schaffen. Das Management sollte klar kommunizieren, dass KI nicht nur zur Automatisierung, Effizienzsteigerung und Kostensenkung eingesetzt wird, sondern auch zur Verbesserung der Arbeitsqualität beiträgt.

Die Technologie ist ein leistungsfähiges Instrument, das den Arbeitnehmerinnen und Arbeitnehmern hilft, anspruchsvollere und erfüllendere Aufgaben zu übernehmen. Eine transparente Kommunikation über die Ziele und den Nutzen von KI sowie über die ethischen Richtlinien für ihren Einsatz stärkt das Vertrauen der Belegschaft und fördert eine positive Wahrnehmung der technologischen Veränderungen. Durch eine integrative und strategisch ausgerichtete KI-Policy können Unternehmen nicht nur die Akzeptanz der Technologie verbessern, sondern auch ein attraktiveres Arbeitsumfeld schaffen, das Talente anzieht und bindet.

20 Transformationsschleusen für Schlüsselindustrien

Die Anwendungsgebiete von KI sind weitreichend und durchdringen sämtliche Bereiche der Wertschöpfungskette: von der Optimierung interner Prozesse über datengetriebene Geschäftsmodellinnovationen bis hin zur Personalisierung von Produkten und Services für Kunden. Wer hier als Vorreiter agiert, kann die Kontrolle über die Zukunft seiner Industrie übernehmen. Künstliche Intelligenz ist der Katalysator, der in Schlüsselindustrien eine Renaissance disruptiver Kräfte auslöst. Nur Visionäre, die diesen KI-Wandel frühzeitig erkennen und entschlossen vorantreiben, werden die großen Gewinner sein. Die Zukunft für Unternehmen wird klarer denn je: Embrace KI – or be disrupted.

Die Automobilindustrie steht an der Schwelle zu einem Paradigmenwechsel, der das Potenzial hat, die gesamte Branche auf den Kopf zu stellen. Autonome, selbstfahrende Fahrzeuge werden diesen transformativen Wandel vorantreiben - und Künstliche Intelligenz ist der Schlüsselfaktor, der diese Vision Wirklichkeit werden lässt. Von der Wahrnehmung der Umgebung durch Multisensordatenfusion über die Verarbeitung gigantischer Datenmengen in Echtzeit bis hin zu sicheren Entscheidungsalgorithmen für die Navigation – KI durchdringt den gesamten Technologiestapel autonomer Mobilität. Die Vorteile, die sich daraus ergeben, sind beträchtlich: deutlich weniger Verkehrsunfälle durch die Fehlerlosigkeit von Computersystemen. Eine effizientere Nutzung von Fahrzeugen als skalierbarer Mobilitätsservice rund um die Uhr. Und letztendlich eine Neugestaltung unserer Städte durch die Reduzierung von Individualverkehr und Parkraumbedarf für mehr Lebensqualität. Doch der KI-Wandel in der Automobilbranche ist weitaus fundamentaler als nur die Entwicklung fahrerloser Autos selbst. Die gesamte Wertschöpfungskette der Hersteller wird von Grund auf neu definiert – von Forschung und Entwicklung über

Produktion, Logistik und Vertrieb bis hin zu datengetriebenen Dienstleistungen und neuen Geschäftsmodellen für Mobilität. Selbst die gesamte Infrastruktur für den Straßenverkehr mit Beleuchtung, Beschilderung und Ampeln muss KI-kompatibel umgebaut werden.

In dieser Disruption der gesamten Automobilindustrie werden diejenigen Unternehmen die Gewinner sein, die den Wandel durch KI ganzheitlich und proaktiv angehen. Technologieführerschaft, datengetriebene Innovationen und disruptive Denkweisen für neue Geschäftsmodelle sind die kritischen Erfolgsfaktoren. Unternehmen, die diese Transformationsschleusen frühzeitig meistern, werden die Kontrolle über die Mobilität der Zukunft übernehmen.

Das Gesundheitswesen steht vor einer der größten Transformationen seiner Geschichte – angetrieben durch Künstliche Intelligenz. KI wird zu einem fundamentalen Paradigmenwechsel in der Art und Weise führen, wie Krankheiten diagnostiziert und Therapien entwickelt werden. Der Schlüssel ist maschinelles Lernen auf Basis riesiger Datenmengen zu Krankheitsbildern, Behandlungsmethoden und Patientenergebnissen weltweit.

Die Anwendungsgebiete von KI in der Medizin sind weitreichend: Angefangen bei der automatischen Analyse von bildgebenden Verfahren wie CT, MRT und Mikroskopiebildern können KI-Systeme krankhafte Veränderungen früher und präziser erkennen als das menschliche Auge. Auf molekularer Ebene wird KI neuartige Biomarker für Krankheiten identifizieren und so die Diagnostik revolutionieren. Ein besonders spannendes Feld ist die KI-gestützte Entdeckung und Entwicklung neuer Medikamente und Therapien auf Basis von Simulationen und historischen Daten. Hier können Innovationszyklen von aktuell über 10 Jahren auf wenige Jahre oder sogar Monate verkürzt werden. Doch der größte Nutzen wird auf Patientenseite liegen: Durch die Verknüpfung aller verfügbaren Daten zu Lebensumständen, Genen, Krankheitsverlauf und Therapieerfolgen lassen sich individualisierte Behandlungspfade für die optimale personalisierte

Medizin finden. Präzisionsdiagnostik und maßgeschneiderte Therapien werden zur Regel statt zur Ausnahme.

In kaum einer anderen Branche ist der Einsatz von Künstlicher Intelligenz so essenziell für den zukünftigen Geschäftserfolg wie in der Finanzindustrie. KI wird zu einer umfassenden Transformation des gesamten Sektors führen – von der Identifizierung neuartiger Investitionsmöglichkeiten über die Optimierung von Handelssystemen und Portfoliomanagement bis hin zur Betrugserkennung und Finanzkriminalitätsbekämpfung in Echtzeit. Ein Kernfaktor dieser KI-getriebenen Revolution ist die Hyperpersonalisierung von Finanzprodukten und Dienstleistungen. Durch die Verschmelzung riesiger Datenmengen aus unterschiedlichsten Quellen zu individuellen Kundenprofilen lässt sich ein ganzheitliches Verständnis der spezifischen Risikopräferenzen, Lebenssituationen und Renditeziele jedes Kunden erlangen. Darauf aufbauend können Finanzprodukte und Beratungsleistungen auf einzelne Personen zugeschnitten werden – Massenpersonalisierung wird Realität.

Doch KI wird nicht nur die Kundenseite, sondern die gesamte Wertschöpfungskette der Finanzindustrie optimieren und intelligenter machen. Von der Echtzeitanalyse riesiger Datenmengen für schnellere Mustererkennungen über präzise Trendvorhersagen bis hin zur dynamischen Preisanpassung - künstliche Intelligenz wird Kapitalmärkte liquider, transparenter und effizienter gestalten als je zuvor. Für Finanzdienstleister, die diese KI-Transformation frühzeitig antizipieren und durch den Aufbau entsprechender Fähigkeiten vorantreiben, eröffnen sich enorme Wettbewerbsvorteile.

Der Maschinenbau zählt zu den zentralen Schlüsselindustrien Deutschlands und ist ein Paradebeispiel für die Transformationskraft von Künstlicher Intelligenz. Als innovationstreibender Lieferant für nahezu alle Branchen ist der Maschinenbau besonders gefordert, die KI-Revolution erfolgreich zu managen und in Wettbewerbsvorteile umzumünzen. Angefangen bei der Produktentwicklung mithilfe von Simulationen und virtueller

Produktionsumgebungen zur Steigerung von Effizienz und Qualität. KI-Systeme werden zukünftig Konstruktions- und Entwicklungsprozesse teilweise oder vollständig automatisieren können.

In der eigentlichen Fertigung kommt KI für vorausschauende Wartung, Optimierung von Materialflüssen und die intelligente, vernetzte Fabrik zum Einsatz. Durch maschinelles Lernen können Produktionsabläufe und Anlageneinstellungen kontinuierlich an sich ändernde Bedingungen angepasst werden. Darüber hinaus werden intelligente Softwarelösungen auf KI-Basis die Services und das Lifecycle-Management für Maschinen und Anlagen revolutionieren. Von der individuellen Inbetriebnahme über vorausschauende Wartungsprognosen bis hin zu intelligenter Fernwartung und Produktivitätsanalysen – KI wird für Maschinenbauer zu einem zentralen Wertschöpfungshebel.

Die Chemieindustrie nimmt als bedeutende Schlüsselindustrie Deutschlands eine Schlüsselrolle in der KI-getriebenen Transformation des produzierenden Gewerbes ein. Angefangen von der Grundstoff- und Spezialitätenchemie über die Chemiefaserindustrie bis hin zu Querschnittstechnologien für pharmazeutische Wirkstoffe und neue Materialien – überall birgt der Einsatz von Künstlicher Intelligenz ein enormes Potenzial für Innovationen und Effizienzsteigerungen.

So lassen sich in der Forschung und Entwicklung mithilfe von KI-Simulationen und computergestützten Verfahren neue chemische Verbindungen und Werkstoffe deutlich schneller und kostengünstiger entwickeln als bisher. Intelligente Analysesysteme können riesige Mengen wissenschaftlicher Daten auswerten und so die Entdeckung neuer Substanzen und Zusammenhänge beschleunigen. In den eigentlichen Produktionsanlagen spielt KI für vorausschauende Wartung, intelligentes Energiemanagement und die Optimierung von Prozessabläufen eine entscheidende Rolle. Durch Kopplung mit IoT-Sensorik und maschinellem Lernen können chemische Verfahren kontinuierlich überwacht und in Echtzeit nachjustiert werden. Darüber hinaus wird KI die gesamte Lieferkette der Chemieunternehmen transformieren – von

20 Transformationsschleusen für Schlüsselindustrien

der individuellen Handelsberatung auf Basis datengetriebener Kundenprofile über intelligente Logistikplanung bis hin zu neuen datenbasierten Services wie virtueller Inbetriebnahme und vorausschauendem Lifecycle-Management für Chemieanlagen.

Die Bauwirtschaft zählt zu den zentralen Schlüsselindustrien für die deutsche Wirtschaft und Infrastruktur. Mit einem Bauvolumen von fast einer halben Billion Euro jährlich und als Arbeitgeber für rund 2 Millionen Menschen kommt der Branche eine Schlüsselrolle zu. Gleichzeitig steht die Bauwirtschaft vor enormen Herausforderungen bei Effizienz, Produktivität und Nachhaltigkeit – Herausforderungen, für die Künstliche Intelligenz entscheidende Lösungsansätze liefern kann. So lässt sich KI bereits in der Planungs- und Konstruktionsphase von Bauprojekten einsetzen, um komplexe Simulationen und Optimierungen durchzuführen. Von der Tragwerksberechnung über Energieeffizienzanalysen bis hin zur virtuellen Baustellenlogistik können erhebliche Kosten- und Zeitersparnisse realisiert werden.

Auf der eigentlichen Baustelle kommt KI für die vorausschauende Wartung und den optimalen Einsatz von Baumaschinen und -equipment zum Tragen. Durch kontinuierliche Überwachung und Analyse einer Vielzahl von Sensordaten lassen sich Produktionsengpässe und Stillstandzeiten vermeiden. Darüber hinaus wird der Einsatz autonomer Roboter und KI-gestützter Assistenzsysteme auf Baustellen in Zukunft für mehr Effizienz, Sicherheit und Produktivität sorgen. Angefangen von selbstfahrenden Erdbaumaschinen über Roboter für gefährliche Einsätze bis hin zu KI-Systemen für die Bauüberwachung und -dokumentation. Die gesamte Lieferkette der Bauwirtschaft kann durch KI optimiert werden – von der Materialdisposition über die Logistiksteuerung bis hin zu intelligenten Recycling-Kreisläufen für eine Kreislaufwirtschaft im Bauwesen. In Fabriken der Zukunft werden Künstliche Intelligenz und vernetzte Systeme das Rückgrat einer vollautomatisierten, datengetriebenen und sich selbst optimierenden Produktion bilden. Der Schlüsselfaktor ist die Verschmelzung der Produktionsanlagen zu einem übergreifenden cyber-physischen System, das ständig Daten über Prozesse, Produktionsschritte und Ergebnisse austauscht und analysiert. Basierend auf maschinellem Lernen werden die KI-Systeme kontinuierlich Optimierungspotenziale identifizieren und die Anlagen selbstständig nachjustieren. Die optimierte, auf individualisierte Kundenwünsche ausgerichtete Losgröße 1 wird so betriebswirtschaftlich realisierbar. Diese Entwicklung erfordert jedoch nicht nur erhebliche Investitionen in die technologische Infrastruktur, sondern auch ein Umdenken in der Organisationskultur und den Geschäftsprozessen.

Unternehmen müssen ihre Belegschaft gezielt schulen und weiterbilden, um die Akzeptanz für die neuen Technologien zu schaffen und die Mitarbeiter zu befähigen, die Potenziale der KI-gestützten Fertigung voll auszuschöpfen. Gleichzeitig gilt es, die Datenströme effektiv zu managen, Schnittstellen zu harmonisieren und eine nahtlose Integration der verschiedenen Systeme sicherzustellen, um eine reibungslose Kommunikation und Koordination zwischen den einzelnen Produktionseinheiten zu gewährleisten.

Daneben werden intelligente Roboter auf Basis von KI eine immer wichtigere Rolle einnehmen. Ausgestattet mit Sensoren zur Umgebungswahrnehmung, Planungsalgorithmen für flexible Bewegungsabläufe und Lernfähigkeiten sind diese Roboter deutlich vielseitiger und wandlungsfähiger als herkömmliche starre Industrieroboter. Sie können sich dynamisch an veränderte Aufgaben und Umgebungsbedingungen anpassen, eigenständig Entscheidungen treffen und eng mit menschlichen Mitarbeitern zusammenarbeiten, was völlig neue Möglichkeiten für die Automatisierung und Optimierung von Produktionsprozessen eröffnet. Der Einsatz dieser kollaborativen Roboter erfordert jedoch auch ein Umdenken in der Arbeitssicherheit und der Gestaltung von Mensch-Maschine-Schnittstellen, um eine reibungslose und sichere Interaktion zwischen Robotern und Mitarbeitern zu gewährleisten und das volle Potenzial dieser Technologie auszuschöpfen.

20 Transformationsschleusen für Schlüsselindustrien

Unternehmen müssen daher nicht nur in die Anschaffung und Integration der Robotersysteme investieren, sondern auch ihre Prozesse und Arbeitsumgebungen entsprechend anpassen, um einen effizienten und produktiven Einsatz der KI-gestützten Robotik sicherzustellen.

Die Transformation hin zur intelligenten, vernetzten Fabrik der Zukunft erfordert jedoch weitreichende Veränderungen für Produktionsunternehmen: angefangen bei der Disruption traditioneller Geschäftsmodelle über Prozessanpassungen bis hin zu neuen Qualifikationsanforderungen und Arbeitsumgebungen für die Mitarbeiter der Zukunft.

In sämtlichen Schlüsselindustrien ist die Transformation durch Künstliche Intelligenz bereits in vollem Gange. Doch es ist noch ein weiter Weg, bis die enormen Potenziale von KI vollständig ausgeschöpft sind. Unternehmen und Führungskräfte, die diesen disruptiven Wandel frühzeitig erkennen und antizipieren, haben die Chance, im Wettbewerb deutliche Vorsprünge herauszuarbeiten. Die KI-getriebene Disruption wird in allen Branchen zu grundlegenden Veränderungen führen: Neue, datengetriebene Geschäftsmodelle, Produkte und Services werden alte Angebote ablösen. Jahrzehntealte Ineffizienzen werden durch Automatisierung und Optimierung beseitigt. Gesamte Industrien werden vom Fundament auf neu gestaltet – getrieben von Künstlicher Intelligenz als Katalysator für Innovationen und Produktivitätssteigerungen.

Für Unternehmen bedeutet dies, dass sie technologische, organisatorische und kulturelle Veränderungen klug managen müssen. Der Schlüssel zum Erfolg liegt in einem ganzheitlichen Ansatz der KI-Transformation: Künstliche Intelligenz darf nicht als isolierte technologische Lösung betrachtet werden, sondern muss tief in der Unternehmensstrategie, den Prozessen, Mitarbeiterqualifikationen und der Unternehmenskultur verankert sein. Zögern Sie nicht länger – die KI-Disruption ist bereits im vollen Gange.

Quintessenz

Alle bestehenden Schlüsselindustrien werden von Grund auf transformiert und sind angetrieben von disruptiven Veränderungen in einer bislang ungekannten Geschwindigkeit. Egal ob Automobilindustrie, Gesundheitswesen, Finanzdienstleistungen, Einzelhandel, Maschinenbau, Chemie oder Produktionsindustrie – überall eröffnet der Einsatz von KI enormes Potenzial für Innovationen, Effizienzsteigerungen und neue Geschäftsmodelle.

Beginnen Sie jetzt, KI-Anwendungsfälle entlang Ihrer gesamten Wertschöpfungskette zu identifizieren – von Forschung und Entwicklung über Produktion und Logistik bis hin zu Vertrieb, Marketing und Service. Hinterfragen Sie Prozesse, Produkte und Geschäftsmodelle kritisch auf Optimierungspotenziale durch KI. Nur Organisationen, die diese Transformationsschleusen frühzeitig und entschlossen durchlaufen, werden in der Lage sein, die enormen Wertschöpfungspotenziale von KI voll auszuschöpfen. Die Zukunftsgewinner werden jene Visionäre sein, die Künstliche Intelligenz als Kernstück für Disruption und Innovation begreifen - und konsequent daran arbeiten, diese Chancen für sich zu nutzen. Wer jetzt entschlossen handelt und die Transformationsschleusen durchläuft, wird im Wettbewerb langfristig bestehen können. Stellen Sie sich der Herausforderung und machen Sie KI zum Wettbewerbsvorteil für Ihr Unternehmen!

21 Als Unternehmer zukunftssichere Strukturen schaffen

Die Transformation hin zu einem KI-getriebenen Unternehmen stellt Führungskräfte vor völlig neue Herausforderungen. Tradierte Denkweisen und Geschäftsmodelle müssen über Bord geworfen, Hierarchien abgeflacht und Mitarbeiter auf eine Reise der kontinuierlichen Veränderung mitgenommen werden. Dieser fortlaufende Transformationsprozess erfordert ein Umdenken auf allen Ebenen – angefangen beim Mindset der Führungsriege bis hin zur Verankerung von Agilität und psychologischer Sicherheit im gesamten Unternehmen. Um Ängste abzubauen und Vertrauen in die neuen Technologien zu fördern, ist es unabdingbar, dass alle Mitarbeiter frühzeitig praktische Erfahrungen mit Künstlicher Intelligenz sammeln können. Dazu gehören Anwendungsszenarien aus dem Arbeitsalltag ebenso wie Experimentierräume, in denen spielerisch und risikolos mit KI-Lösungen interagiert werden kann.

Der Kulturwandel hin zu einem agilen, lernenden Unternehmen beginnt bei jedem Einzelnen mit der Reflexion der eigenen Haltung gegenüber Veränderungen und dem Loslassen von Bestehendem. Mitarbeiter müssen ermutigt werden, ihren Blick über den Tellerrand zu richten, Neues zu wagen und aus Fehlern zu lernen. Die Führungsebene hat hier eine Vorbildfunktion und muss eine Atmosphäre schaffen, die psychologische Sicherheit fördert. Im Kern geht es darum, ein Mindset der fortlaufenden Transformation zu etablieren. Die lineare Denkweise mit abgrenzbaren Projektphasen hat ausgedient, Optimierung und Wachstum sind fortan ein kontinuierlicher Prozess. Auf Basis fundierter Daten werden in iterativen Schleifen Hypothesen getestet, Erkenntnisse gewonnen und Systeme angepasst. Dieses agile, datengetriebene Vorgehen mit kurzen Feedbackzyklen muss zu einer Kernkompetenz des Unternehmens werden. In diesem dynamischen Umfeld wandeln sich auch die Rollen und Aufgaben von Führungskräften. Statt als

Befehlsgeber fungieren sie als Ermöglicher und fördern die Selbstorganisation und Eigenverantwortung in ihren Teams. Sie kommunizieren eine inspirierende Vision und stecken den Rahmen für Experimente und Fehlschläge ab. Wichtiger noch als fachliche Kompetenz ist die Entwicklung von Leaderships-Qualitäten wie Veränderungskompetenz, systemisches Denken, Empathie und die Fähigkeit zur zielgerichteten Zusammenarbeit. Nur mit einer ausgeprägten Transformationskompetenz können Führungskräfte agil auf Disruption reagieren und ihre Mitarbeiter durch Phasen der Verunsicherung geleiten.

Nutzen Sie Ihren vielfältigen Erfahrungsschatz, Ihren weitsichtigen Blick und Ihre tief verwurzelten Überzeugungen, um frühzeitig die richtigen Weichen für Ihr Unternehmen zu stellen. Überlassen Sie es nicht Zufallserscheinungen oder externen Einflüssen, wie KI in Ihrer Firma Einzug hält und etabliert wird. Gestalten Sie diesen Prozess ganz bewusst und kraftvoll mit – nur so können Sie einzigartige, zukunftssichere Strukturen erschaffen, die Ihr Unternehmen unverwechselbar und zukunftsfest machen. Seien Sie der Kapitän, der das Schiff mit kühlem Verstand und fester Hand durch die aufgewühlten Gewässer der KI-Transformation navigiert. Treffen Sie die zentralen Entscheidungen und setzen Sie Leitplanken, bevor Ihr Unternehmen sich durch die Strömungen treiben oder auf Untiefen auflaufen lässt.

Nur durch Ihre visionäre Führung und Ihr entschlossenes Vorangehen kann am Ende eine solide, zukunftsweisende Basis für nachhaltigen Erfolg entstehen. Qualifizieren Sie Ihre Mitarbeiter mit gezielten Weiterbildungen rund um neue Technologien, Datenkompetenzen und agile Arbeitsweisen. Schaffen Sie dafür auch Freiräume, in denen experimentiert und spielerisch gelernt werden kann. Je mehr digitale Skills in Ihrem Unternehmen verankert sind, desto besser können Sie Prozesse optimieren, neue Produkte und Services entwickeln und Effizienzgewinne realisieren. Im Kern geht es darum, einen Kulturwandel zur lernenden Organisation anzustoßen. Nur wenn Ihr Unternehmen insgesamt agiler,

21 Als Unternehmer zukunftssichere Strukturen schaffen

experimentierfreudiger und veränderungskompetenter wird, können die enormen Hebel der Digitalisierung voll ausgeschöpft werden. Doch die Reise in das KI-Zeitalter kann nur dann erfolgreich gemeistert werden, wenn an Bord klare Verhältnisse herrschen.

Eine unmissverständliche gemeinsame Orientierung ist das A und O für ein Unternehmen, das den digitalen Wandel meistern und zukunftsfest aufgestellt sein will. Legen Sie daher frühzeitig eine klare Vision fest – einen Leitstern, der Mitarbeitern und Führungskräften stets die Richtung weist.

Definieren Sie klar und deutlich die Werte und die Mission Ihres Unternehmens. Nur wenn diese Orientierungspunkte für alle greifbar sind, kann ein einheitlicher Kurs über allen Unklarheiten und Turbulenzen der Transformation gehalten werden. In Zeiten von Veränderung und Agilität mag eine schriftlich fixierte Vision zunächst antiquiert wirken. Doch gerade dann, wenn alles im Fluss ist, brauchen Mitarbeiter felsenfeste Leitplanken, an denen sie sich orientieren können. Holen Sie daher Ihr gesamtes Unternehmen frühzeitig ins Boot und erarbeiten Sie die Orientierungspunkte im Dialog und Schulterschluss. Als Unternehmer liegt es in Ihrer Verantwortung, frühzeitig die Weichen für eine zukunftsfeste Aufstellung zu stellen. Lassen Sie sich nicht von überholten Hierarchien oder ineffizienten Abläufen ausbremsen. Schaffen Sie stattdessen schlanke, agile Strukturen und Organisationsformen, die der Größe und den Anforderungen Ihres wandlungsfähigen Unternehmens gerecht werden.

Ein entscheidender Schritt ist die Delegation von Verantwortung und Befugnissen. Statt alles zu zentralisieren, ermächtigen Sie dort, wo die Expertise sitzt – in schlagkräftigen Teams und auf der operativen Ebene. Mit flachen Hierarchien und durchlässigen Abteilungsgrenzen können Sie die Dynamik und den Ideenreichtum Ihrer Mitarbeiter voll ausschöpfen. Legen Sie den Fokus auf Kernprozesse und automatisieren Sie Nebentätigkeiten durch den Einsatz von KI. Verschlanken Sie Abläufe, wo es nur geht, und trimmen Sie Ihr Unternehmen auf maximale Flexibilität und

Anpassungsfähigkeit. Neben der Automatisierung von Nebentätigkeiten gilt es auch, die Kernprozesse selbst auf den Prüfstand zu stellen und konsequent zu verschlanken. Oft haben sich über die Jahre hinweg komplexe Abläufe und Strukturen entwickelt, die mehr Aufwand als Nutzen verursachen. KI kann helfen, diese Komplexität zu reduzieren und Prozesse zu optimieren.

Durch die Analyse von Prozessdaten lassen sich beispielsweise Engpässe, Redundanzen und Ineffizienzen identifizieren. KI-Algorithmen können Muster erkennen, Optimierungspotenziale aufzeigen und konkrete Verbesserungsvorschläge unterbreiten. So lassen sich Durchlaufzeiten verkürzen, Fehlerquoten senken und Ressourcen effizienter nutzen. Nur wer seine Organisation laufend auf der Höhe der Zeit hält, kann im Galopp des KI-Zeitalters dauerhaft konkurrenzfähig bleiben. Seien Sie als Unternehmer der Antreiber für diesen kontinuierlichen Strukturwandel! Innovation und Neuerfindung sind die Lebensadern eines jeden zukunftsfesten Unternehmens im KI-Zeitalter. Gerade in Krisenzeiten eröffnen sich damit große Chancen für weitsichtige Unternehmer. Statt sich von äußeren Schockwellen ausbremsen zu lassen, sollten Sie eine Rezession als Katalysator für Umbruch und Erneuerung begreifen. Nutzen Sie die Phase des wirtschaftlichen Abschwungs, um Ihre Ressourcen gezielt auf zukunftsträchtige Innovationsprojekte zu konzentrieren, während weniger agile Wettbewerber in Schockstarre verfallen. Setzen Sie auf die Kraft der kreativen Zerstörung, indem Sie disruptive Technologien wie KI einsetzen, um überholte Strukturen aufzubrechen, neue Märkte zu erschließen und die Spielregeln in Ihrer Branche neu zu definieren. Dabei sollten Sie stets die langfristige Perspektive im Blick behalten und auch in schwierigen Zeiten den Mut haben, konsequent in Forschung und Entwicklung zu investieren, um Ihre Innovationspipeline am Laufen zu halten und sich für den nächsten Aufschwung zu rüsten.

Nutzen Sie die Gunst der Stunde und tauchen Sie mutig in die Bücher Ihrer Wettbewerber ein. Analysieren Sie schonungslos Schwächen in bestehenden Produkten, Dienstleistungen und

Geschäftsmodellen. Wo halten sich Platzhirsche an überholten Konzepten fest? An welchen Stellen können Künstliche Intelligenz und disruptive Technologien neue Möglichkeitsräume eröffnen? Identifizieren Sie die blinden Flecken am Markt und füllen Sie sie mit Innovationen. Seien Sie dabei stets auf der Hut vor Selbstzufriedenheit und hinterfragen Sie regelmäßig Ihre eigenen Annahmen und Vorgehensweisen, um nicht selbst zum Opfer des technologischen Fortschritts zu werden. Seien Sie visionär und scheuen Sie sich nicht vor radikalen Lösungen. Denken Sie größer, intelligenter, kundenorientierter als der Wettbewerb. Lassen Sie alte Zöpfe hinter sich und bauen Sie von Grund auf neu, wo es nötig ist.

Scheuen Sie keine Mühen, komplett neue Geschäftsmodelle zu entwickeln, ganze Produktlinien zu erneuern oder Prozesse von A-Z zu revolutionieren. Die aktuelle Gemengelage mag für Ihr Unternehmen Belastungen mit sich bringen. Doch sehen Sie diese als Herausforderung, als Chance für einen kühnen Re-Start. Indem Sie jetzt konsequent auf Innovation setzen, können Sie die Krise als Sprungbrett für künftiges Wachstum nutzen. Und nur wer sich in Zeiten des Wandels stetig neu erfindet, kann am Ende als Gewinner hervorgehen. Dabei ist es entscheidend, dass Sie nicht nur die technologischen Aspekte im Blick haben, sondern auch die menschliche Komponente. Binden Sie Ihre Mitarbeiter aktiv in den Veränderungsprozess ein, fördern Sie eine Kultur der Offenheit und des lebenslangen Lernens und entwickeln Sie ein inspirierendes Zukunftsbild, das Ihre Teams motiviert und begeistert. Nur wenn Sie die Herzen und Köpfe Ihrer Belegschaft gewinnen, können Sie die Kraft und Kreativität freisetzen, die nötig sind, um in stürmischen Zeiten erfolgreich zu navigieren.

Die generative Künstliche Intelligenz ist keine vorübergehende Modeerscheinung, sondern der Startschuss für einen fundamentalen Wandel in jedem Unternehmensbereich. Wer hier nicht frühzeitig die Weichen richtig stellt, wird im Strom der Disruption untergehen. Als Führungskraft liegt es in Ihrer Verantwortung, Generative KI nicht nur als weiteres Tool zu begreifen, sondern als Revolution, die jede Faser Ihres Geschäftsmodells umkrempeln wird. Strategische Weitsicht ist daher das Gebot der Stunde. Sie müssen eine langfristige KI-Strategie entwickeln, die alle Unternehmensbereiche von Produktentwicklung bis Marketing, von Vertrieb bis Personalmanagement erfasst. Legen Sie dafür existenzielle Fragen auf den Tisch: Welche Prozesse können wir radikal automatisieren? Wo eröffnen sich neue Geschäftsfelder? Wie wandelt sich die Kundeninteraktion? Wie gestalten wir den Kultur- und Kompetenzwandel? Binden Sie bei der Erarbeitung dieser Strategie nicht nur das Topmanagement, sondern auch ausgewählte Experten und Querdenker aus allen Hierarchieebenen ein. Denn nur wenn Sie die kollektive Intelligenz Ihres Unternehmens anzapfen und diverses Wissen zusammenbringen, werden Sie die bestmöglichen Antworten auf diese zukunftsweisenden Fragen finden. Scheuen Sie sich dabei nicht, auch externe Impulse einzuholen – sei es durch die Zusammenarbeit mit Forschungseinrichtungen, Beratungsunternehmen oder Start-ups, die mit frischen Ideen und unkonventionellen Ansätzen aufwarten können.

Scheuen Sie sich auch nicht, in dieser Phase auch Tabus zu brechen und Denkverbote über Bord zu werfen. Die Ausgangslage für Ihre Strategie muss eine komplette Neuausrichtung des Unternehmens auf Basis der KI-Potenziale sein. Mit dieser Grundhaltung können Sie zukunftssicher planen. Hinterfragen Sie dabei schonungslos bestehende Strukturen, Prozesse und Geschäftsmodelle und seien Sie bereit, sich von liebgewonnenen Gewohnheiten und Überzeugungen zu verabschieden, wenn diese nicht mehr zukunftsfähig sind. Nur wenn Sie den Mut aufbringen, radikal neu zu denken und traditionelle Branchengrenzen zu überwinden, werden Sie in der Lage sein, die disruptiven Chancen der KI vollumfänglich zu nutzen und Ihr Unternehmen erfolgreich in die Zukunft zu führen. Lassen Sie sich dabei nicht von Zweifeln oder Widerständen beirren, sondern stehen Sie entschlossen für Ihre Vision ein und stecken Sie Ihr gesamtes Team mit Ihrer Begeisterung und Zuversicht an. Entwickeln Sie verschiedene Zukunftsszenarien mit und ohne den Einsatz generativer KI. Kalkulieren Sie Chancen und Risiken durch und legen Sie klare Prioritäten und Zeithorizonte fest.

Überlegen Sie, welche Kompetenzen, Partnerschaften und Infrastrukturen Sie benötigen. Und lassen Sie sich von Experten beraten, vernetzen Sie sich mit der KI-Gemeinschaft. Nutzen Sie die Erkenntnisse aus diesen Szenarien und Analysen, um einen detaillierten Fahrplan für die Implementierung Ihrer KI-Strategie zu erstellen, der konkrete Meilensteine, Verantwortlichkeiten und Ressourcenzuweisungen enthält. Kommunizieren Sie diesen Fahrplan transparent an alle relevanten Stakeholder und stellen Sie sicher, dass jeder Beteiligte die Ziele, Erwartungen und seinen individuellen Beitrag zum Gesamterfolg kennt. Etablieren Sie darüber hinaus ein stringentes Monitoring- und Steuerungssystem, das Ihnen erlaubt, die Fortschritte eng zu überwachen, frühzeitig Abweichungen zu erkennen und bei Bedarf rasch nachzujustieren.

Letztlich müssen Sie einen konkreten Fahrplan erarbeitet haben, mit dem Sie Ihr Unternehmen zukunftssicher durch die KI-Transformation steuern. Nur mit einer klaren strategischen Ausrichtung können Sie dem Wandel proaktiv begegnen, statt reaktiv hinterherzuhinken. Dieser Fahrplan sollte nicht nur die technologischen Aspekte abdecken, sondern auch die notwendigen Veränderungen in der Unternehmenskultur, der Organisationsstruktur und den Geschäftsprozessen berücksichtigen. Denn nur wenn Sie die KI-Transformation ganzheitlich angehen und alle relevanten Dimensionen einbeziehen, werden Sie in der Lage sein, die Potenziale dieser Technologie voll auszuschöpfen und nachhaltige Wettbewerbsvorteile zu erzielen. Fördern Sie den offenen Dialog und die abteilungsübergreifende Zusammenarbeit und investieren Sie gezielt in den Aufbau der erforderlichen Fähigkeiten und Kompetenzen. Nur so schaffen Sie die notwendige Akzeptanz, das Vertrauen und das Engagement, um den tiefgreifenden Wandel erfolgreich zu meistern und Ihr Unternehmen fit für die Zukunft zu machen.

Quintessenz

Als Unternehmer im KI-Zeitalter müssen Sie die Transformation Ihres Unternehmens aktiv gestalten und vorantreiben. Überlassen Sie nichts dem Zufall, sondern ergreifen Sie frühzeitig die Zügel. Nutzen Sie Ihren Weitblick und Ihre Überzeugungen, um die richtigen Weichenstellungen vorzunehmen. Qualifizieren Sie Ihre Mitarbeiter durch Weiterbildungen und praktische KI-Erfahrungen. Beziehen Sie sie zudem aktiv in Entscheidungsprozesse ein und schaffen Sie eine Kultur der psychologischen Sicherheit, um den Wandel zur lernenden Organisation anzustoßen. Definieren Sie eine klare Vision, Werte und Mission als gemeinsamen Orientierungspunkt. Nur mit dieser Richtschnur können Sie Ihr Unternehmen sicher durch Turbulenzen steuern. Passen Sie Strukturen und Prozesse laufend an neue Gegebenheiten an. Dezentralisieren Sie Verantwortung, beschleunigen Sie durch Automatisierung und treiben Sie kontinuierlich Verschlankungen voran. Simulieren Sie Zukunftsszenarien und entwickeln Sie einen konkreten Fahrplan, um dem Wandel proaktiv zu begegnen.

Die Herausforderungen mögen groß sein, doch wie sagte schon der Visionär John F. Kennedy: »Veränderung ist das Gesetz des Lebens. Und diejenigen, die nur auf die Vergangenheit oder die Gegenwart blicken, werden mit Sicherheit die Zukunft verpassen.« Ergreifen Sie also die Chance, die sich Ihnen bietet, und gestalten Sie die Zukunft Ihres Unternehmens aktiv mit.

»KI ist absolut notwendig, um die Anforderungen von Megatrends wie Automatisiertes Fahren, Vernetzung, Elektrifizierung und Shared Mobility zu erfüllen.«

Gilles Mabire
CTO Automotive,
Continental AG

SCHLUSSWORT DER AUTOREN

Auf den Fokus kommt es an!

Die Fantasy-Autorin Joanna Maciejewska fand unter Künstlern und in der gesamten Kreativ-Szene, im März 2024, viel Zuspruch für ihre treffsichere Festellung auf dem Kurznachrichtendienst X: »*Wissen Sie, was das größte Problem beim Vorantreiben der KI ist? Die falsche Richtung. Ich möchte, dass die KI meine Wäsche und meinen Abwasch erledigt, damit ich Kunst machen und schreiben kann, und nicht, dass die KI meine Kunst und mein Schreiben erledigt, damit ich meine Wäsche und meinen Abwasch machen kann.*«

Im übertragenen Sinne gilt dies auch für den KI-Einsatz im Business. Ihre KI-Strategie fällt dann auf fruchtbaren Boden, wenn Sie eine klare Rollenverteilung für Mensch und Maschine vornehmen und Ihre Mitarbeiterinnen und Mitarbeiter ebenso vom Einsatz der Künstlichen Intelligenz profitieren wie das Unternehmen.

Sie haben mit uns in diesem Buch die Grundlagen der KI und die wichtigen Aspekte der Nutzung im Unternehmen kennengelernt sowie unseren Blick in die Zukunft geteilt. Künstliche Intelligenz im Business ist weit mehr als Generative KI und es geht strategisch nicht um die Frage, ob die KI die Aufgaben Ihrer Belegschaft schneller oder preiswerter erledigen kann. Eine echte KI-Strategie zielt nicht auf reine Disruption ab, sondern auf Lösungen und Verbesserungen. Die bessere Frage lautet also: Wo hilft uns die KI bei Qualitätsverbesserungen, bei Big-Data-Auswertungen oder bei entscheidungsrelevanten Vorhersagen? Im Werte-Kanon des Unternehmens sollte der Mensch weiter im Mittelpunkt stehen und die Maschine ein verlässliches Werkzeug oder ein willkommener Teamkollege sein, aber nicht der Job- und Auftragskiller. Das ist nicht nur eine ethische Frage oder gar Sozialromantik, sondern es ist der entscheidende Erfolgsfaktor in Ihrer Strategie.

Ohne Zweifel werden wir in den nächsten Jahren quer durch viele Berufsgruppen massive Veränderungen in den Arbeitswelten sehen. Und selbstverständlich werden dedizierte, rechenintensive Aufgaben zunehmen, in denen der Kollege KI uns Menschen immer stärker überlegen sein wird. Damit sind aber eben nicht Lösungen der Generativen KI gemeint, deren faszinierende Ergebnisse erst im Zusammenspiel mit einem menschlichen Nutzer möglich sind. Noch mangelt es auch erheblich an der Reproduzierbarkeit von kreativen Ergebnissen. Das oft beschriebene Halluzinieren oder die zu beobachtenden Qualitätsverschlechterungen bei zu starker Beimischung von KI-Ergebnissen in neue Trainingsdaten, sind lösbare Probleme für die Entwickler der Sprachmodelle. Aber die der Wahrscheinlichkeitsrechnung folgenden Arbeitsprinzipien der KI lassen sich nicht einfach in ein festes Korsett einfügen, dass unabhängig von der Prompt-Eingabe des Menschen gleichbleibend hochwertige und reproduzierbare Ergebnisse liefert. Multimodale KI-Systeme werden die Mensch-Maschine-Interaktion weiter revolutionieren und neue Möglichkeiten in Bereichen wie Kundenservice, Produktentwicklung und Datenanalyse eröffnen.

Seien Sie bei der Entwicklung Ihrer KI-Strategie offen für Innovationen und ambitioniert bei Verbesserungen und Qualitätsinitiativen, die Sie mit der Künstlichen Intelligenz in Angriff nehmen wollen. Und schaffen Sie einen Regelrahmen, der es Mitarbeitenden quer durch das Unternehmen rechtssicher KI-Lösungen als Werkzeug zu nutzen. Kommunizieren Sie regelmäßig und werden Sie aus der Geschäftsleitung heraus zum Innovationstreiber und Motivator. Wir wünschen Ihnen ganz viel Erfolg!

Oliver Schwartz
Dr. Michael Gebert

ANHANG

KI Expertenforum

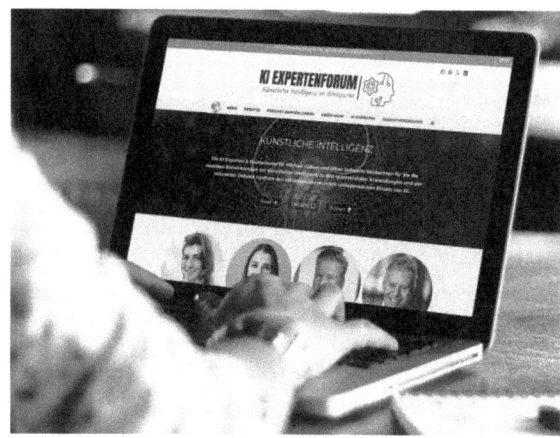 

Das KI Expertenforum ist eine unabhängige Informations- & Debatten-Plattform für alle geschäftlichen Nutzer von KI-Lösungen. Die Redaktion um die KI-Experten & Buchautoren Dr. Michael Gebert und Oliver Schwartz beobachtet für Sie die neuesten Entwicklungen zur Künstlichen Intelligenz, zu den spannendsten Anwendungen und der relevanten Debatte rund um den ethischen und rechtlich unbedenklichen Einsatz von KI.

Gastbeiträge weiterer, namhafter Experten, Podcast- und Buchempfehlungen, Berichte von Events und Konferenzen sowie ein Knowhow-Glossar runden das redaktionelle Angebot ab. Die Debatten- und News-Beiträge des KI Expertenforums tauchen tiefer ein und liefern wichtige Impulse und Hintergrundinformationen.

www.ki-expertenforum.de

Die Autoren

Oliver Schwartz

Oliver Schwartz ist Experte für strategische Kommunikation mit mehr als 25 Jahren Erfahrung als Manager in internationalen Technologieunternehmen. Seine Expertise bringt er heute in Beratungsmandate mit Unternehmen, Vorständen und GeschäftsführerInnen und als Interimsmanager ein. Wissen und Impulse rund um KI in Business und Gesellschaft teilt er in Veröffentlichungen, als Autor, Vortrags-Redner und als Podcaster.

Mit der Künstlichen Intelligenz und den notwendigen ethischen und rechtlichen Begleitdebatten beschäftigt sich Oliver Schwartz seit vielen Jahren. Immer mit einem einordnenden Blick, speziell auf die Chancen und Risiken des KI-Einsatzes in den Unternehmen.

www.oliver-schwartz.de

Michael Gebert

Dr. Michael Gebert ist visionärer Unternehmer und international gefragter Keynote-Sprecher. Er blickt auf 30 Jahre strategisches Denken und innovatives Handeln zurück. Als Positivist mit solidem betriebswirtschaftlichen Hintergrund und einer Promotion in Schwarmintelligenz, beschäftigt er sich leidenschaftlich mit dem ethisch akzeptablen Einsatz von KI-Innovationen und dezentralen Strukturen im Unternehmensumfeld.

Mit einem starken Verständnis für KI, Blockchain und andere digitale Technologien, hilft er Unternehmen dabei, die Herausforderungen des digitalen Wandels zu meistern und gleichzeitig den Wert dieser Technologien für ihr Geschäft zu maximieren.

www.michaelgebert.de

Von den Autoren empfohlene Literatur und weitere Informationsquellen

Bücher:

Gebert / Schwartz: 30 Minuten: ChatGPT, GABAL Verlag, ISBN 9783967391909

Buxmann / Schmidt: Künstliche Intelligenz, Springer Gabler, ISBN 9783662617939

Scheuer / Holzki: Inside KI, Verlag Herder, ISBN 9783451399244

Gentsch: Künstliche Intelligenz für Sales, Marketing und Service, Springer Gabler, ISBN 9783658253752

Wennker: Künstliche Intelligenz in der Praxis, Springer Gabler, ISBN 9783658304799

Sendler: KI-Kompass für Entscheider, Hanser, ISBN 9783446462953

Webquellen:

KI Expertenforum: https://www.ki-expertenforum.de

Europäisches Parlament: Gesetz über Künstliche Intelligenz https://tinyurl.com/5aee97ry

Plattform Lernende Systeme: https://www.plattform-lernende-systeme.de

KI Bundesverband: https://ki-verband.de

Fraunhofer-Allianz Big Data und Künstliche Intelligenz: https://www.bigdata.fraunhofer.de

Künstliche Intelligenz in der Industrie (Industrie 4.0): https://tinyurl.com/bpapscur

Deutsche Gesellschaft für Informatik e.V.: https://fbki.gi.de

Studien & Reports:

Leadership in the age of AI (IBM): https://tinyurl.com/bdzx5rht

Building Trust in the Age of AI (VisualGPS): https://tinyurl.com/3svb8m4s

OECD: Künstliche Intelligenz und der Arbeitsmarkt: https://tinyurl.com/aczh9fdb

KI – Chance für Wirtschaft und Arbeitsgestaltung, Enquete-Kommission des Deutschen Bundestags: https://tinyurl.com/2deyfr84

Einführung von KI-Systemen in Unternehmen: https://tinyurl.com/4rb8ypcr

Podcasts:

Turtlezone Tiny Talks, in Kooperation mit dem KI Expertenforum: https://www.turtlezone-tinytalks.de

https://www.ki-expertenforum.de/podcast-empfehlungen/

Der KI-Podcast für Unternehmer: https://tinyurl.com/33aw6asd

Künstliche Intelligenz (F.A.Z.): https://tinyurl.com/2fr77mev

KI – und jetzt? Wie wir Künstliche Intelligenz leben wollen https://tinyurl.com/mfud3dpy

KI Board – der Künstliche Intelligenz Podcast: https://tinyurl.com/42t86px2

The Artificial Intelligence Podcast (Englisch): https://tinyurl.com/3h37jdrx

The AI Daily Brief (Englisch): https://tinyurl.com/v3ua3h7s

Practical AI: Machine Learning, Data Science (Englisch): https://tinyurl.com/4sw9y2a4

The TWIML AI Podcast (Englisch): https://tinyurl.com/54ayz68z

Data Futurology - Leadership And Strategy in AI (Englisch): https://tinyurl.com/yc5yeard

AI Today Podcast (Englisch): https://tinyurl.com/v2d32d7f

No Priors: Artificial Intelligence (Englisch): https://tinyurl.com/5anbhrjs

Die Autoren und der Verlag übernehmen keine Gewähr für die Funktion der Web-Links und keine Haftung für die verlinkten Webquellen. Alle Angaben wurden vor Drucklegung sorgfältig zusammengestellt. Eine erweiterte, aktuelle Empfehlungsliste der Autoren finden die Leserinnen und Leser dieses Buchs unter:
https://www.ki-expertenforum.de/wiley

Sie finden unter diesem Link, exklusiv für die Leserinnen und Leser dieses Buchs, auch weitere Lese-Tipps und ergänzende oder aktualisierte Inhalte.

Stichwortverzeichnis

A Alan Turing 23, 31
Algorithmen 32–34, 47, 53,
 68–70, 105–106, 108,
 125–126, 132, 135, 138, 169,
 177, 186, 216
Allgemeine Künstliche
 Intelligenz 24, 49
Arbeitsmarkt 53, 115, 131, 165
Arbeitswelten 28, 32, 95–96,
 118, 184, 197–199, 204
Aristoteles 31, 38
Artificial Economy 17
B Bedienkonzepte 45
Bias 25, 63, 66, 69, 123, 175,
 179, 202
Big Data 25, 153, 233
Bildgenerierung 23
C Chaining 43
Chancen 25–26, 28–29, 46, 50,
 52, 57–58, 60, 84, 109–110,
 112–113, 115–116, 118, 122,
 124, 128–129, 133, 149, 159,
 161, 167, 169, 171–172,
 199–200, 202, 212, 216,
 218, 231
Chancengleichheit 25
ChatGPT 23, 26, 28, 44–45, 47,
 54, 65, 83, 96, 133, 154, 182,
 233
Claude Shannon 31, 35
Cloud 29, 67, 99, 106, 145, 153
Compliance 65, 136, 184, 188
Constitutional AI 45
D Dartmouth-Konferenz 31, 35
Datenmanagement 104, 106,
 111, 114, 158
Datenschutz 25, 70, 84, 94, 100,
 105–106, 120, 122, 141, 145,
 181, 184, 188, 201–202
Datensicherheit 42, 106, 142
Datenstrategie 105, 180
Datenverfügbarkeit 23
Deep Learning 24, 127
Denkprozesse 31, 35

Diagnostik 54, 133, 166, 206
Digitalisierung 29, 74, 94, 112,
 114, 116, 146, 197, 214
E Empirismus 33–34
Entscheidungsfindung 43, 51,
 95, 168
Ethik 53, 63, 68, 70, 122, 154
EU AI Act 24, 181, 184–188,
 201
G Gehirn 24, 51
General AI 47–48, 50–54, 74,
 122
Generative KI 23, 25, 27, 47,
 49–50, 54, 66, 74, 105, 131,
 181, 217
Gesichtserkennung 64
Gesundheitswesen 25, 52, 64,
 112–113, 140, 172, 206
Governance 53–54, 109–110,
 114, 116, 170
H Human Economy 17
I Inferenz 41, 43
Infrastruktur 29, 72–73,
 99, 105–108, 112, 133,
 143, 158, 176, 189, 196,
 205, 209
Integrationsfähigkeit 55–56,
 58–62
J John Locke 33–34
John McCarthy 31, 35
K KI-Policy 29, 64, 69, 78, 94,
 96, 117, 119–124, 197,
 200–201, 203–204
KI-Strategie 23, 26, 29–30, 50,
 68, 70, 97, 100–101, 103,
 105–106, 108, 112, 115,
 119, 140, 143–145, 148,
 199, 202, 204, 217, 219
Kognition 53
Kommunikation 26, 56–57,
 60, 62, 64, 69, 84, 117, 119,
 121–122, 124, 168, 200–201,
 203–204, 210, 231

Kreativität 48, 51–52, 165, 188, 217
Kryptographie 37
Kulturwandel 94, 100, 213–214
Kundenservice 40, 52, 93, 100, 110, 141, 192–193
L Large Language Models 39, 43, 46
Lerninhalte 42
LLM 42
M Marvin Minsky 31, 35
Maschinelles Lernen 24, 39
N Narrow AI 24, 27, 47–48, 50, 54
Narrow-AI-Lösungen 25
Nathaniel Rochester 31, 35, 37
Neuronale Netze 24
Neurowissenschaft 50
O OpenAI 40, 65, 67, 75, 99
P Patentschutz 181
Philosophie 32–34
Produktivität 29–30, 55, 61, 102, 134, 167–168, 189, 209
Prompt 27, 29, 181–182
Prozessoptimierung 101, 108, 135
R Rahmenbedingungen 30, 54, 57, 70, 76–77, 84, 94, 97, 106, 110, 114, 121, 126, 181, 185
Rationalität 33
Rechtssicherheit 76–78, 185, 188
Regulierung 71–73, 76, 78, 86, 121–122, 181, 185
René Descartes 33
Reproduzierbarkeit 25, 29, 47, 54
Resilienz 55–62
Risiken 26, 28, 45–46, 52, 60, 64, 84, 93, 98, 105, 109–113, 115–116, 118–119, 122, 124, 127, 129, 172, 180, 195–196, 202, 218, 231
Risikoklassen 72, 78, 188
Risikomanagement 25, 109, 120
Robotik 15, 17, 165, 167, 170, 210
S Schulungsprogramme 100, 115
Sozialsysteme 17
Spracherkennung 24, 36
Sprachmodelle 24–25, 30, 36, 39, 44–45, 49, 63, 65–67, 99, 183
Stimmen 23, 36, 53, 68, 75, 78, 183, 185, 201
Super-Intelligenz 24, 34, 47–50, 52–54, 122
T Trainingsdaten 27, 41, 45, 63, 65–66, 70, 111, 174, 180, 182
Transaktionsdaten 43, 169
Transformation 60–61, 70, 87, 94, 102, 104, 109–110, 143, 146, 148, 167, 207–208, 211, 213–214, 219–220
Transparenz 26, 29–30, 42, 57, 63, 68, 75–77, 112, 119–121, 131, 176, 186, 201–202
Trilog 24, 71, 74, 202
Turing-Maschine 31
U Unternehmenskultur 58, 69, 95–96, 100, 197, 204, 211, 219
Unternehmensstrategie 101–102, 108, 211
Urheberrechte 65, 105, 182
V Veränderungsprozesse 29–30, 97, 124
Verständnis 26, 36, 38, 40, 42–43, 51, 53, 57, 68, 96, 104, 106, 111, 120–121, 125, 128–129, 132, 167–168, 180, 207, 232
Visualisierungen 43
Vordenker 33
Vorhersage 41, 46, 135, 156, 187
W Wettbewerbsfähigkeit 102, 126, 168
Wissenschaft 31, 33, 37, 41, 60, 112, 128, 131, 143
Z Zuverlässigkeit 54, 103